낭만주의자들은 어떤 생각을 했을까?

생각의 탄생
낭만주의자들은 어떤 생각을 했을까?

초판 발행 : 2011년 1월 5일
초판 인쇄 : 2016년 3월 10일

기　획 : 블루마크_윤대영, 김진철
글쓴이 : 최연정
그린이 : 박태성
감　수 : 문성원, 이용재
펴낸이 : 유동환
펴낸곳 : 도서출판 푸른나무
주　소 : 서울시 마포구 만리재로 14 르네상스타워 1602호
　　　전화 : (02)322-8331　팩스 : (02)322-8332
전자우편 : prnamu@naver.com
홈페이지 : www.purunnamu.com

등　록 : 제10-188호
ⓒ 2011 푸른나무
ISBN 978-89-7414-654-2 73900

* 책값은 표지에 있습니다.

생 각 의 탄 생

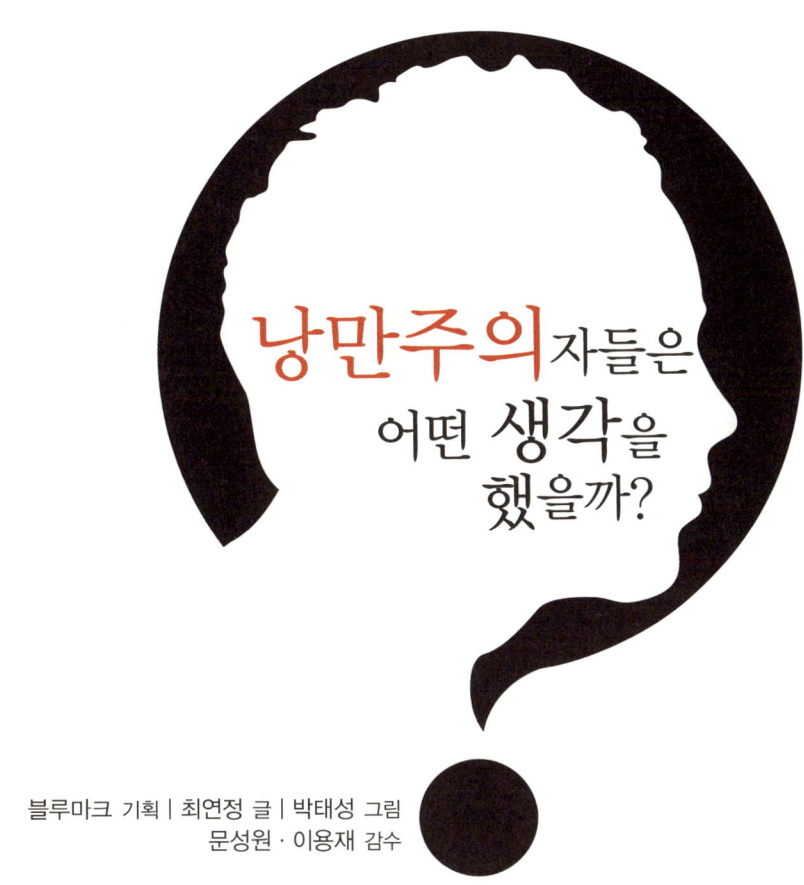

낭만주의자들은
어떤 생각을
했을까?

블루마크 기획 | 최연정 글 | 박태성 그림
문성원 · 이용재 감수

푸른나무

소개글

주니어를 위한 인문학으로의 초대

인류는 자연과 사회의 조건이 변함에 따라 그에 대한 생각도 바꾸어 나갑니다. 그리고 그 생각을 가지고 또다시 자연과 사회를 새롭게 만들어 나갑니다. 이것이 바로 인류의 역사인 셈입니다.

그 역사는 크게는 문명을 낳고, 작게는 낭만주의니 사실주의니 하는 어떠한 '생각'을 남깁니다. 이 모든 생각은 인간의 상상 속에서 나온 것이 아니라, '도전과 응전'의 과정 속에서 창조해 낸 것으로 예술 작품, 건축물, 또는 새로운 도구의 몸을 빌어 수많은 자산으로 탄생합니다.

역사, 철학, 사회학, 문학, 그리고 예술……. 이 모든 것에 담긴 생각의 흔적을 더듬고, 이를 토대로 새로운 생각을 만들어 나가는 것이 '인문학'입니다. 우리는 바로 이 인문학을 배움으로써 비판과 창조의 힘을 키울 수 있는 것이죠.

하지만 요즘 어린이들을 위한 교양서를 보면 역사 따로, 철학 따로, 예술 따로……, 시대적 배경과 서로의 연결고리를 배제한 채 단순히 암기식 교육만을 목적으로 하고 있습니다. 한마디로 인류의 유산 속에 담긴 가장 중요한 자산, '인류의 생각'이 무엇인지 말하고 있지 않습니다. 따라서 생각을 빼고 껍데기만 읽은 사람 역시 '생각이 없는 사람'이 될 수밖에 없습니다.

이 책의 가장 큰 매력은 따로따로가 아닌, 그동안 놓쳤던 '생각'을 담아낸 것입니다. 작은 에피소드 하나하나 허투루 다루지 않으면서, 그 생각들을 역사적으로 증명해 나갑니다.
　이 책은 인류의 생각이 어떻게 변화해 왔는지를 보여 주는 '문화와 예술의 사회사'입니다.
　이 시리즈에 속한 각각의 책은 꼭 시대순으로 읽지 않아도 됩니다. 각 권은 한 권의 책으로서의 완결성을 갖는 체계로 구성되어 있습니다.
　〈생각의 탄생〉 시리즈를 통해 종합적 사고를 하고 독자 여러분 스스로 '생각'을 발전시킬 수 있는 힘을 키워 나가기 바랍니다.

　이 책에는,
- 각 시대의 역사적 배경과 사건, 인물에 대한 설명이 담겨 있습니다.
- 각 시대의 사람들이 '어떤' 생각을, '왜' 하게 되었는지가 담겨 있습니다.
- 그 생각이 어떠한 결과를 가져왔는지 무수한 예술 작품과 각 문명의 흔적을 자료로 제공하고 있습니다.

차례

소개글 주니어를 위한 인문학으로의 초대 ... 4

프롤로그 "과학과 계몽주의, 그리고 두 개의 혁명"
           낭만주의가 탄생한 사회적 배경 ... 10

1장 '낭만주의'란 어떤 생각일까?

01 "푸른 연미복과 노란 조끼"
       낭만주의의 등장 ... 22

   한 걸음 더! 읽고 싶은 사람만 읽기! 낭만주의와 사랑 ... 32

02 "모든 것은 마음속에 있다"
       낭만주의적 생각의 특징(1) 내면의 감정을 표현하라 ... 34

03 "예술은 자유정신이다"
       낭만주의적 생각의 특징(2) 소재와 형식에 구애받지 말라 ... 42

2장 낭만주의가 탄생한 정신적 배경

04 "빛의 철학에 딴죽걸기"
낭만주의의 정신적 배경(1) 계몽주의 철학에 대한 반발 54

> 한 걸음 더! 읽고 싶은 사람만 읽기! 프랑스의 신고전주의 64

05 "거센 바람처럼, 성난 파도같이! 질풍노도 운동"
낭만주의의 정신적 배경(2) 체제에 대한 반항심 66

> 한 걸음 더! 읽고 싶은 사람만 읽기! 독일의 낭만주의 74

06 "오시안과 옛 민족들의 노래"
낭만주의의 정신적 배경(3) 문화적 다양성의 발견 76

3장 영국과 독일에서의 낭만주의의 전개

07 "자연의 아름다움을 찬미하라"
워즈워스의 낭만시와 낭만주의 풍경화 ····· 86

08 "자연의 압도적인 힘을 표현하라"
터너와 프리드리히의 풍경화 ····· 96

09 "신데렐라는 어려서 부모님을 잃고요~"
그림 형제의 동화에 담긴 생각 ····· 104

10 "춤을 춰요, 슈베르트 씨"
낭만파 음악이 빚어낸 생각 ····· 112

한 걸음 더! 읽고 싶은 사람만 읽기! 19세기의 낭만주의 음악 ····· 122

4장 프랑스에서의 낭만주의의 전개

11 "신화와 이국적 판타지에 빠져들다"
화가 들라크루아의 작품 소재에 담긴 생각 126

12 "추악함과 기괴함조차 아름답다"
빅토르 위고의 낭만주의 문학 134

5장 낭만주의, 유럽의 바깥으로 퍼지다

13 "내 마음속 악마를 탐구하라"
에드거 앨런 포우의 작품에 나타난 생각 150

14 "암담한 식민지 현실로부터 도피하라"
우리나라 일제강점기의 낭만주의 158

15 "낭만주의는 지금도 살아 있다"
실험 예술에 담긴 낭만주의적 생각 166

에필로그 "낭만주의자들의 생각과 그 이후"
낭만주의의 의의와 한계 174

찾아보기 180

낭 만 주 의　　ROMANTICISM

프롤로그
"과학과 계몽주의, 그리고 두 개의 혁명"
낭만주의가 탄생한 사회적 배경

〈아이작 뉴턴〉 고드프리 넬러, 런던 국립 초상화 미술관

"자연과 자연 법칙은 어둠 속에 숨겨져 있었지.
신이 말했다, '뉴턴을 있게 하라!'고.
그러자 모든 것이 밝아졌다."
—18세기 영국의 시인 알렉산더 포프

뉴턴과 과학의 시대

뉴턴이 1687년 출판한 〈프린키피아〉(자연철학의 수학적 원리)는
그 자체로 혁명과도 같은 사건이었다.

"물체는 서로 잡아당긴다."는 '만유인력의 법칙'을 통해
그는 지구뿐 아니라 우주에서 일어나는
모든 운동 원리를 설명하였다.
지구와 우주가 같은 법칙에 의해 지배되는
하나의 체계임을 밝힌 것은 뉴턴이 처음이었던 것이다.
대중은 그에게 열광했고
그리하여 뉴턴은 단지 과학자가 아닌, 시대의 우상이 되었다.

그런데 뉴턴은 어떤 방법으로 우주의 비밀을 풀 수 있었을까?
그것은 '관찰'과 이를 뒷받침하는 '합리적 이성'이었다.
그는 '관찰'을 통해 물체들 사이의 끌어당기는 힘을 발견하고,
얼마만큼의 힘으로 서로를 끌어당기는지
'합리적 이성'으로 '계산'하고 '이론화'했다.

또 그는 '실험'을 통해
빛이 분산되는 특징을 발견하고,
이를 이용해 천체망원경을 만들기도 했다.
뉴턴의 반사망원경은 직경이 약 15cm였으나,
당시의 1.8m 망원경만큼이나 성능이 탁월했다.

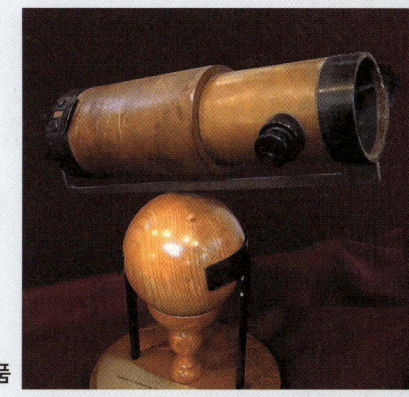

뉴턴이 사용한 반사망원경의 복제품

17세기에 뉴턴이 본격적으로
열어젖힌 과학의 열기는
18세기 들어 더욱 뜨겁게 타올랐고,
새로운 발견과 발명이 끝없이 이어졌다.

천문학자 윌리엄 허셜은 자신이 직접 만든
천체망원경으로
태양계의 천왕성을 관측하는 데 성공했고,
화학자 라부아지에는 불에 타는 현상인 연소가 산소 때문이라는 것을 밝혀냈다.
또 이 시대에는,
화학 원소들 사이의 반응을 이용해 간단한 전지를 발명하기도 했다.

게다가 이 시대 과학은 단지 전문가들만의 관심사가 아니었다.

당시 대중들이 얼마나 과학에 매혹되어 있었던지,
돈푼깨나 있는 집들 가운데 천체망원경이나 현미경이
없는 집이 없을 정도였다.

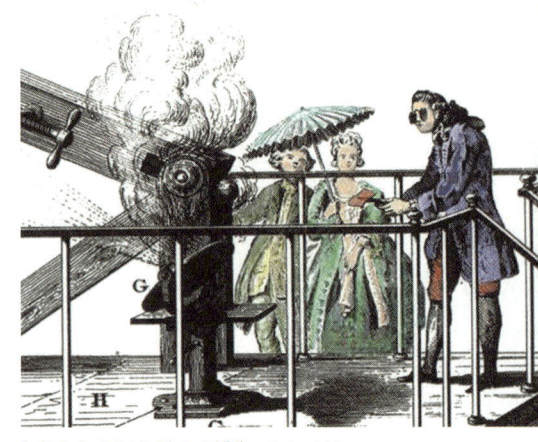

〈라부아지에의 연소 실험〉 작가 미상

계몽주의, 자연 과학적 이성을 인간과 사회에 적용하다

뉴턴이 수학 방정식 몇 개로 우주의 비밀을 낱낱이 밝히고
과학이 자연에 남아 있는 어둠을 하나하나 걷어 내자,
당시 사람들 사이에서는 다음과 같은 생각이 싹트게 되었다.

"과학의 힘으로 설명할 수 없는 건 세상에 없어."
"인류는 영원히 진보하게 될 거야. 과학이 있잖아?"

이러한 들뜬 기대감과 낙관적인 희망은 또 다른 질문으로 이어졌다.

"관찰, 실험, 계산, 이론, 검증, 적용과 같은 과학적 방법,
그리고 이 모든 걸 가능하게 하는 인간 이성을 잘 쓰면,
인간과 사회에 감추어진 법칙까지도
밝혀낼 수 있지 않을까?"

그리하여 철학자들은
과학적 사고를
인간의 정치, 역사, 사회 현실에
적용하기 시작했다.

이렇게 해서 성립된 것이 바로
17~18세기를 풍미한
계몽주의 철학이다.

〈영국의 계몽주의 철학자 존 로크〉
고드프리 넬러, 상트페테르부르크 에르미타주 박물관
로크는 계몽주의 철학의 개척자로,
영국과 프랑스에 큰 영향을 미쳤다.

독일의 철학자 칸트는 말했다.
"계몽이란, 인간이 미성숙 상태로부터 탈출하는 것을 말한다.
그대의 이성을 사용할 용기를 가지라!"

인간은 왜 그동안 이성을 사용할 용기가 없었을까?
그것은 바로 힘과 권위를 가지고 인간성을 억누르던
신분제나 교회의 권위 때문이었다.
계몽주의자가 보기에, 이것들은 인간 사회의 '어둠'이었다.
따라서 계몽주의자들은 이성과 과학의 힘으로
세상에 가득 찬 이 특권적인 '어둠'을 걷어 내고자 하였다.

이처럼 계몽주의는 새로운 세상에 대한 열망으로 이어졌고,
1789년 프랑스대혁명을 낳은 정신적 배경이 되었다.

〈마담 조프랭의 살롱〉 가브리엘 르모니에, 프랑스 말메종 국립 박물관
프랑스의 계몽주의자들이 계몽철학자 볼테르의 대리석 흉상 밑에서 다양한 논쟁을 벌이고 있다.

계몽주의, 프랑스대혁명으로 이상을 완성하다

"짐이 곧 국가다."
프랑스의 절대 군주 루이 14세의 이 유명한 말에서도 드러나듯,
17, 18세기 프랑스는 유럽에서 가장 강력한 왕권을 가진 국가였다.

그러나 1789년 **프랑스대혁명**의 성공으로
프랑스에서는 군주제와 신분제가 폐지되고, 공화정이 성립되었다.
왕이 나라의 주인이던 '어둠의 시대'는 가고
온 국민이 나라의 주인인 '빛의 시대'가 도래한 것이다.

"모든 인간은 자유롭고 평등하다."
　　　　　- 프랑스 인권 선언(1789년)

프랑스대혁명의 성공은
프랑스만의 일이 아니었다.
전 유럽이 프랑스대혁명을
절대적으로 지지했고,
'자유'와 '평등'이라는
인간의 권리는
온 유럽인들의 가슴속에
물결쳤다.

계몽주의가 마침내 승리한 것이다.

1789년 프랑스 인권 선언

과학, 산업혁명을 이끌다

정치적으로 계몽주의가 승리해 가고 있을 무렵,
유럽의 한편에서는 또 하나의 변혁이 일어났다.
1769년 영국의 발명가 제임스 와트의 증기기관 발명,
그것이 그 거대한 변혁의 시작이었다.

석탄으로 작동되는 제임스 와트의 증기기관
마드리드 고등 산업 기술 학교

그로 인해
사람이 손으로 소소하게
물건을 만들던
시대가 가고,
기계가 대량으로
물건을 만드는 시대가
찾아왔다.

18세기 말부터 19세기에 걸쳐 광범위하게 일어난
이러한 산업상의 변화가 바로 **산업혁명**이다.

생전 보지도 듣지도 못했던 기계들이 쏟아져 나왔고,
그 기계들이 인간이 할 일을 대신해 주었다.
이제 인간은 훨씬 편하게 일할 수 있게 된 것이다.

산업혁명은, 세상이 '진보'한다는 계몽주의적 생각을
눈앞에서 생생히 실현시켜 보여 주었다.

〈19세기 초 영국 맨체스터의 면직 공장〉 작가 미상
맨체스터는 산업혁명 이후 대도시로 발달한 대표적인 곳이다.
면직물 공업이 크게 발달해 '목화의 도시'로도 불린다.

이제 조용한 시골 마을은, 공장이 들어서 도시가 되었다.
사람들은 일자리를 찾아 도시로 몰려들었고,
불과 100년 만에 영국인 10명 중 9명이 도시에 거주하게 되었다.
대부분이 공장 노동자들인 도시 사람들은
열심히 일하기만 하면 부자가 될 수 있으리라 믿었다.

1814년 영국에서는 증기기관으로 가는 기차까지 발명되었고
불과 10년 사이에 8,046km의 철도망이 건설되었다.
그리하여 기차는 사람과 우편, 각종 상품을 신속히 운송했다.

사람들은 세상이 점점 더 좋아질 것이라고 기대했다.

"우리는 무엇이든 할 수 있습니다."
-1851년 런던 만국박람회*에서 행해진 빅토리아 여왕의 연설 중

*만국박람회: 산업화의 성과를 자랑하기 위해 4년마다 열리는 국제 박람회

낭만주의의 출발점: 이성 만능주의에 대한 의심이 싹트다

이처럼 계몽주의는 과학과 이성에 의해 실현될
인류의 장밋빛 미래를 예언했다.
프랑스대혁명과 산업혁명이 그 생생한 증거였다.

그런데 곧 이상한 일들이 벌어지기 시작했다.
프랑스에서는 권력을 잡은 혁명파들이
혁명의 적을 처단한다는 이유로 무자비한 공포정치를 펼쳤다.
수많은 사람들이 단두대에서 살육당했다.

〈서재에서의 황제 나폴레옹〉
자크 루이 다비드, 워싱턴 국립 미술관

게다가 그 이후 등장한 나폴레옹.
유럽인들은 그를
자유와 평등의 혁명 정신을 계승할
영웅으로 숭배하였다.

그러나 그런 그가
혁명 정신을 배반하고
스스로 황제가 되었다.
그 결과 프랑스는
혁명 전의 사회로 되돌아가 버렸다.

이제 모두가 혼란스러워 하며
혁명을 의심하기 시작했다.

그뿐만이 아니었다.
도시의 노동자들은 쥐꼬리만큼의 임금을 받으며
하루 12~16시간씩 일했다.
게다가 공장에서 온갖 욕설과 체벌에 시달리기 일쑤였다.
대여섯 살 된 아이들마저도 공장에 나와 하루 종일 일을 해야 했다.

또 노동자들은 직장 근처의 더러운 빈민굴에서 살았다.
20가구 이상이 하나의 화장실을 사용했고,
상수도조차 제대로 구비되어 있지 않은 그런 곳이었다.
이러한 열악한 거주 환경은 전염병의 온상이 되어,
가령 영국의 섬유도시 리즈 시민의 평균수명은 19세에 불과했다.

그러자, 근본적인 질문이 사람들의 머릿속에 떠올랐다.
"세상이 제대로 돌아가고 있는 것일까?"
"모든 문제를 해결해 줄 수 있을 것 같았던 과학과 이성이
과연 인간의 행복을 약속해 줄 수 있는 걸까?"

그리고 한 무리의 사람들은 '이성'에 대한 대안을 생각하기 시작했다.

시민혁명과 산업혁명을 거치면서
인류 역사에 일찍이 없었던 변화를 온몸으로 겪은 19세기 초 사람들.
그들이 과학과 이성의 한계를 절실히 느끼며 모색하게 된
'새로운 생각'이란 과연 어떤 것일까?

생 각 의 탄 생

1장 '낭만주의'란 어떤 생각일까?

01 "푸른 연미복과 노란 조끼"
02 "모든 것은 마음속에 있다"
03 "예술은 자유정신이다"

낭 만 주 의 **01** ROMANTICISM

"푸른 연미복과 노란 조끼"
낭만주의의 등장

1774년 발표된 〈젊은 베르테르의 슬픔〉 영국판 표지

18세기 후반,
유럽의 젊은 남성들 사이에서
노란 바지와 조끼에 푸른 연미복*을 입는 것이
한때 큰 유행이었다.
왜 그랬을까?

*연미복(燕尾服): 제비 연(燕), 꼬리 미(尾), 옷 복(服). 옷의 뒷자락이 제비 꼬리처럼 두 갈래로 갈라진 남자용 코트나 윗옷. 대개 남자의 정식 옷차림을 말한다.

그것은 한 편의 소설이 가져다준 충격 때문이었다!

그 작품은 바로 독일의 작가
괴테(1749~1832년)가
1774년 25살의 나이에 발표한
편지 형식의 소설,
〈젊은 베르테르의 슬픔〉.

이 작품이 발표되자,
유럽의 수많은 젊은이들이
베르테르의 이루지 못할
사랑 이야기에
깊이 빠져들었다.

〈젊은 날의 괴테〉
안젤리카 카우프만, 바이마르의 괴테 박물관

심지어는
사랑 때문에 평소 절망에 빠져 있던
많은 젊은이들이
주인공 베르테르를 따라
줄줄이 자살하는 일까지도 일어났다.
이른바 '베르테르 효과*(Werther effect)'다.

*베르테르 효과: 유명인이나 자신이 모델로 삼고 있던 사람이 자살할 경우, 그 사람과 자신을 동일시해서 자살을 시도하는 현상

그 때문에 작품이 발표된 지 1년 만인 1775년에는
일시적으로 판매가 금지되기도 했다.

〈젊은 베르테르의 슬픔〉 속으로…

이제 작품 속으로 들어가 보자.

자연을 사랑하는
섬세하고 감수성 풍부한
도시 청년 베르테르가
어느 아름다운 산간 마을에 찾아든다.

〈베르테르와 로테〉
작가 미상, 뒤셀도르프의 괴테 박물관

어느 날 그는 푸른 연미복과 노란 조끼를 입고 마을 무도회에 참석한다.
거기서 그는 아름다운 처녀 로테를 처음 만나
한눈에 반하고 만다.

"나는 그녀의 검은 눈동자를 얼마나 응시하고 있었던가.
싱싱한 입술과 생기 넘치는 볼에 내가 얼마나 매혹되었던가.
그녀가 하는 이야기에 넋을 빼앗긴 나머지,
그녀의 말을 잘못 들었던 것만 해도 몇 번이었던가."

베르테르는 로테를 열렬히 사랑하게 된다.
그녀가 보낸 편지에 입을 맞추다 모래를 씹을 만큼,*
그녀의 모습을 그려 벽에 붙여 놓고 수천 번 인사를 할 만큼,
마차의 문밖으로 살짝 비친 그녀의 모자만 봐도 떨릴 만큼.

*당시에는 편지를 쓸 때 잉크가 번지지 않도록 모래를 뿌렸다.

〈로테〉 다니엘 호도비에츠키,
1932년 독일어판 삽화

그런데 그토록 사랑하는 그녀에게
약혼자가 있었다!

약혼자의 이름은 알베르트!
성실하고 점잖은 알베르트!
이성적이고 분별력 있는 알베르트!
완벽한 교양과 도덕을 갖춘
고상한 인품의 알베르트!
알베르트는
베르테르 자신과 너무나도 달랐다!

베르테르는 고민 끝에 결심한다.

"나는 떠나야만 한다!"
"다시는 그녀를 만나지 않겠다!"

베르테르는
깊은 실의에 빠진 채
로테의 실루엣 그림을 품고서
그 마을을 떠난다.

〈베르테르〉 다니엘 호도비에츠키,
1932년 독일어판 삽화

그 후 베르테르는 어느 도시의 공무원으로 근무하게 된다.
그러나 관료적인 공무원 생활은 그에게 전혀 맞지 않았다.

출세에 눈먼 사람들,
귀족과 평민 간에 넘을 수 없는 신분 차별의 벽…….
특히 겉치레와 사교에만 관심이 있는
귀족들의 모습에 그는 적응하지 못했다.

"귀한 신분의 S부인이, 남편과 잘 부화된 거위 새끼 같은 딸을 거느리고
파티에 나타났소. 그녀는 옆을 지나면서 대대로 물려받은
거만한 귀족의 눈짓을 하면서 거드름을 피우는 것이었소."

거기다 들려온 로테의 결혼 소식.

베르테르는 괴로움에 몸부림쳤다.
그저 로테의 곁으로 돌아가고 싶었다.

결국 공무원 생활을 포기하고 사표를 낸 후
로테의 곁으로 돌아온 베르테르.
그는 결혼한 여인을 향한 이룰 수 없는 연정에 괴로워한다.

크리스마스를 며칠 앞둔 어느 아침,
베르테르는 로테의 남편 알베르트에게서 권총을 빌린다.

로테가 먼지를 털어 건넸다는 그 권총에
베르테르는 수없이 키스한다.
그는 로테를 처음 만났을 때 입었던 옷,
푸른 연미복과 노란 조끼를 잘 차려입는다.

그리고 스스로 목숨을 끊는다.

그녀에게 보내는
마지막 편지를 남긴 채…….

"이 리본도
함께 묻어 주십시오.
내 생일에 당신이
선물로 준 것입니다.
시계가 12시를 칩니다.
그럼 로테, 잘 있어요!"

〈베르테르의 죽음〉 프랑수아 샤를 보드

젊은이들이 베르테르에 매료되었던 이유

유럽의 젊은이들은 베르테르라는 새로운 아이콘에 열광했다.

〈괴테의 베르테르를 읽는 소녀들〉 빌헬름 암베르크, 베를린 구(舊) 국립 미술관

"베르테르처럼 사랑하고 싶다.", "로테처럼 사랑받고 싶다."

"그렇게 열렬한 사랑에 빠지고 싶다. 그렇게 사랑을 말해 보고 싶다. 목숨을 바칠 만큼의 열정을 갖고 싶다."

"보람 없는 일을 과감히 그만두고 싶다. 숨 막히는 답답한 도시를 떠나, 베르테르처럼 자연 속에 파묻혀 여행하고 방랑하며 지내보고 싶다."

"자기가 원하면 언제라도 감옥 같은
이 세상을 벗어날 수 있는 자유를 갖고 싶다."

당시 유럽 젊은이들은 왜 그토록 베르테르에 열광한 것일까?
당시 시대는 도대체 어떠하였기에?
다시 작품 속 한 대목을 보자.

어느 날 베르테르와 알베르트는
연못에 몸을 내던신 한 소녀의 사건을 놓고 언쟁을 벌인다.
그녀는 열렬히 사랑한 남자로부터 버림받은 슬픔을 이기지 못해,
다음과 같은 유서를 남기고 연못에 몸을 던졌다.
"사방은 온통 암흑이요, 아무런 삶의 목적도, 희망도 없어……."

알베르트는 이렇게 말한다.

너무도 사리에 맞고 지당한 알베르트의 말.
알베르트는 당시 대다수 사람들의 생각을 대표하고 있었다.

알베르트가 대표하고 있는 정신은 바로 당대를 지배하던 합리주의다.
합리주의자들은 늘 이렇게 말한다.
"인간은 생각하는 동물이니
이성적으로, 합리적으로 따져서 말이 안 되는 것은 거부하라."
"예술은 질서와 규칙이 무엇보다 중요하다."
"문학은 건전한 교훈과 가르침을 담아라."
"모든 건 합리적으로, 사랑도 합리적으로!"

하지만 베르테르는 이런 합리적 이성이 지긋지긋하다고 말한다.

베르테르에 열광한 젊은이들 역시 똑같은 불만을 가졌다.

"뻔한 교훈만 가득한 책은 답답해.", "생각이 꼭 최고야? 느낌은?"
"아무런 열정도 느끼지 못하면서, 남이 하라는 대로
돈이나 명예를 위해 죽도록 일하는 건 바보야."

이처럼 당시 유럽의 젊은이들에게는, 숨 막히는 이성 대신
자유롭게 숨 쉴 무언가가 필요했다.

그들은 차가운 이성의 사슬에서 벗어나,
뜨거운 감성의 힘으로 훨훨 날아오르고 싶었다.

**그들이 이 푸른 연미복에
담고자 했던 것은
다름 아닌
사랑, 강렬한 사랑!
감정, 개인이 느끼는 모든 감정!
열정, 삶에 대한 열정!
자유, 완전한 자유와 해방!**

이것이 18세기 말에 탄생해
19세기 초까지 전 유럽을 휩쓴 새로운 생각이다.

"우리 내면에 끓어오르는 벅찬 감정에 충실하자."
"가슴이 느끼는 대로 행동하고, 자유롭게 표현해 보자."

그리고 1798년 독일의 문학가 슐레겔 형제는
전에 없던 이 야심 찬 생각을
'낭만적(romantic)'이라고 처음 부르기 시작했다.

한 걸음 더! 읽고 싶은 사람만 읽기!

낭만주의와 사랑

낭만주의의 어원 낭만주의(romanticism)라는 말은, 원래 중세 라틴어에서 갈라져 나온 방언들을 가리키던 '로망(roman)'이라는 말에서 유래한 거야. 이탈리아어, 프랑스어, 스페인어, 포르투갈어 등이 여기에 속하지.

유럽에서는 중세 동안 라틴어가 지배적인 언어였어. 그래서 유럽인들은 자기 나라 말이 있으면서도 성서나 법전, 문학작품과 같은 중요한 문헌들을 라틴어로 쓰고 읽었지. 라틴어로 된 작품들은 형식적으로 우아하고, 내용적으로 품위가 있었어. 그렇지만 일반 백성들은 대부분 라틴어를 알지 못했어. 대중들 사이에서 구전되어 오던 전설이나 모험담들은 대개 로망어로 씌어 있었지. 그중에는 아주 신비롭고 공상적인 이야기들이 많았어.

요컨대 라틴어 대신 민중들이 사용하던 쉽고 자유로운 언어, 그리고 독자들의 상상력을 일깨우는 신비로운 이야기들을 가리키던 이름, 그게 바로 '로망'이야. 18세기 후반에 일어났던 새로운 생각에 로망이라는 이름이 붙은 건, 그 말에 본래 담겨 있던 '자유'와 '상상'이라는 의미 때문이었을 거야.

'낭만'은 '로망'을 소리 나는 대로 옮긴 말이야. 좀 이상하지? 일본 사람들이 옮겨 쓰던 말을 그대로 사용해서 그래. 일본 사람들이 '로망'이라는 말을 소리 나는 대로 '浪漫(일본어 발음으로는 '로-오망')'이라고 표기했는데, 이 한자를 우리 식으로 읽으면 '낭만'이 되는 거지.

기사도와 낭만적 사랑 로망을 영어식으로 표현하면 로맨스(romance)라고 해. 로맨스라는 말을 들으면 연애, 사랑, 이런 것들이 연상되지? 그건 로망이나 로맨스가 바로 '사랑 이야기'를 가리키는 말이기도 하기 때문이야.

앞에서 말한 중세의 전설이나 모험담의 주인공은 주로 '기사'였어. 기사도라는 말을 들어 본 적이 있을 거야. 기사도란, 명예를 지키고 왕에게 충성하고 약자를 보호하고 여성에게 봉사하는 등, 기사들이 지켜야 할 덕목을 말해. 중세 기사담에 등장하는 기사들은 이런 기사도 정신으로 똘똘 뭉쳐 있었어. 그런데 중세 사람들은 기사들의 영웅담뿐만 아니라 사랑 이야기도 무척 좋아했어. 기사들은 사랑을 '운명적이고 숭고하고 아름다운 것'으로 여겼지. 기사들의 이런 사랑 이야기 역시 로망이나 로맨스라고 불렸고, 낭만주의 시대에 사람들은 다시금 이에 열광하게 되었지.

〈아서 왕의 무덤: 랜슬롯과 귀네비어의 마지막 만남〉
단테 가브리엘 로제티, 달라스 미술관
중세 기사담 〈아서 왕 이야기〉에 등장하는 기사 랜슬롯은 아서 왕의 왕비인 귀네비어와 운명적이고도 슬픈 사랑에 빠진다.

유럽의 젊은이들이 베르테르에게 매료된 이유

괴테는 약혼자가 있는 여인 샤로테 부프를 사랑했던 본인의 체험과 친구 예루잘렘이 유부녀에게 실연당해 자살한 사건을 소재로 하여, 14주 만에 〈젊은 베르테르의 슬픔〉을 완성했어. 실제 사건을 바탕으로 한 슬픈 사랑 이야기는 사람들에게 더욱 절절하게 다가왔지. 베르테르에게 사랑이란 삶 그 자체였어. 그 사랑을 이룰 수 없다는 건 살아갈 수 없다는 걸 의미했지. 그에게 사랑이란 닿고 싶은 숭고한 이상이었고, 자유였고, 자아실현이었어. 그것이 바로 유럽의 수많은 젊은이들을 사로잡은 '낭만적 사랑'의 모습이야. 사랑이라는 이상을 위해 목숨을 바칠 만큼 헌신하는 모습 말이야. 그리고 그건 중세 기사들의 사랑 이야기와도 여러모로 닮아 있지.

낭만주의 ROMANTICISM

"모든 것은 마음속에 있다"
낭만주의적 생각의 특징(1) 내면의 감정을 표현하라

여기 두 점의 풍경화가 있다.
❶은 멀리 신전이 보이는 어느 마을의 풍경이고,
❷는 말들이 시원하게 뛰어다니는 어느 초원의 풍경이다.
이 둘의 차이는 무얼까?

〈폐허가 된 신전이 보이는 시칠리아 풍경〉 야콥 필립 하케르트, 상트페테르부르크 에르미타주 박물관

첫 번째 풍경화는 관찰해서 그린 그림

그리스와 이탈리아 여행이 크게 유행했던 18세기,
부유한 여행자들은 때때로 미술가를 데리고 여행을 떠났다.

이 그림은 한 젊은 여행자에게 고용되어
이탈리아 시칠리아로 갔던 화가 하케르트의 작품이다.
염소들이 노닐고, 여인들이 일하는 곳 뒤편으로
허물어진 신전의 모습이 보인다.

이 그림은 개인적인 여행의 기록이며,
풍경을 정확히 관찰해서 그린 작품이다.
마치 여행지에서 기념사진을 찍는 기분으로 그린 것이라고나 할까.

〈그라이프스발트 근처의 초원〉 카스파 다비드 프리드리히, 함부르크 쿤스탈레 미술관

두 번째 풍경화는 상상해서 그린 그림

그로부터 40여 년 후에 그려진 이 두 번째 그림은
낭만주의 화가 프리드리히(1774~1840년)의 작품이다.
말들이 뛰어다니는 초원과 하늘을 비추는 호수 저편으로
풍차들과 뾰족한 성들이 보인다.
그림의 배경인 그라이프스발트는 화가의 고향이기도 하다.

그런데 그라이프스발트 근처에는 초원과 성들이 함께 어우러져
저렇게 한가로운 풍경을 자아내는 곳이 없다!

이 풍경화는 기록이 아니라, 상상이다.
실제로 눈앞에 펼쳐진 듯한 이 섬세한 풍경은 '가상현실'이다.

낭만주의 화가 프리드리히의 작업실

프리드리히의
작업 장면을 그린
다른 화가의 작품이다.

이 그림에서 알 수 있듯,
풍경화가 프리드리히는
작업실 안에서
풍경화를 그린다.
그는 작업실 밖으로
한 발짝도
나간 적이 없다.

그는 그림을 그릴 때
자연을 관찰하지 않는다.
붓과 물감밖에 없는 썰렁한 작업실에서
창을 등진 채 그저 화판만 바라보며,
기억하고 느끼고 상상해서 그린다.

화가는 자신이 상상할 수 있는 가장 아름답고 평화로운 풍경을 그린다.
그러고서 자기 고향 마을의 이름을 붙인 것이다.

말하자면, 마음의 고향인 셈이다.

〈작업실의 카스파 다비드 프리드리히〉
게오르그 프리드리히 케르스팅, 베를린 구(舊) 국립 미술관

〈보헤미아 풍경〉 카스파 다비드 프리드리히, 슈투트가르트 국립 미술관

눈이 아니라 마음으로 그려라

이 그림 역시 실제 보헤미아의 풍경이 아니다.
그의 몸은 작업실에 있지만, 그의 마음은 보헤미아에 가 있다.

풍경화가 프리드리히는 단순히 실물과 똑같이 그리거나
눈으로 본 그대로 모방하기를 거부한다.
그에게 풍경화는 무언가를 기록하는 게 아니다.
예술가의 마음, 영혼, 감정을 표현하는 것이다.
그에게는 눈으로 보는 것보다 마음으로 보는 게 더 중요하다.

그래서 프리드리히는 엄숙하게 말한다.

"자신의 내면세계를 발견하지 못하는 화가는 그림을 포기해야 한다."

베토벤과 낭만주의

고전주의 음악의 막내이자,
낭만주의 음악의 첫 세대인
베토벤 역시 마찬가지다.

그는 다락방에 틀어박혀
곡을 쓰며 말한다.

"내 마음속에 있는 것이
밖으로 나와야 한다."

베토벤의 9번 교향곡 〈합창〉은
독일 시인 실러의 시
〈환희에 부쳐〉를 음악으로 표현한 것이다.

〈집에서 작곡 중인 베토벤〉 카를 슐뢰서

38세 이후로 귀가 전혀 들리지 않는 상태에서,
자살을 결심할 정도로 깊은 슬픔과 절망 속에서,
그가 그려 낸 것은 기쁨!
그는 실러의 시에 곡을 붙이면서 스스로 노랫말도 추가한다.

"오, 벗들이여, 그런 소리가 아니야!
더욱 즐겁고 더욱 환희에 찬 소리로 노래하자!
기쁨이여! 기쁨이여! 우리들 모두는 형제라네!"

셰익스피어와 낭만주의

마음속에 달아오르는 감정을 표현하는 것,
그것은 이 시대 낭만주의자들 모두가 추구했던 것이다.
그래서 프랑스의 빅토르 위고를 비롯한 낭만주의자들은
16세기 영국의 극작가 셰익스피어를 흠모했다.

그의 대표작 〈리어 왕〉에서, 리어 왕이 두 딸의 배신에 엄청난 분노를 느끼고
들판에서 미치광이처럼 절규하는 장면을 보자.

〈폭풍 속의 리어 왕〉 벤자민 웨스트, 보스턴 미술관

"폭풍아 쳐라,
나의 뺨을 갈기갈기 찢어라!
천지를 진동하는 뇌성이여,
내 흰 머리털을 태워라!
이 지구를 내리쳐서……
배은망덕한 놈을 만드는
모든 씨를 당장 쓸어 없애 버려라!"

-〈리어 왕〉의 3막 2장

셰익스피어는 사람의 마음을 찢어 놓았다.
감정의 폭풍우, 악한 마음, 어리석음과 배신을
그는 작품 속 인물들의 입을 통해 격렬히 토해 냈다.

영국 시인 콜리지는 그에 대해 이렇게 말했다.

"셰익스피어는 사람 마음 깊숙이 자리 잡은
모든 감정 속으로 파고드는 프로메테우스와 같다."

이처럼 낭만주의자들에게 회화, 음악, 문학은
보이는 세계를 그대로 전하는 게 아니다.
눈에 보이는 것은 소재가 될 수 있을 뿐,
모든 것은 예술가의 마음에서 느끼는 것으로부터 나온다.
표현할 수 있는 모든 것은 마음속에 있다.

**"주저 없이
네 내면의
소리를 따르라."
"네 안에
꿈틀대는 감정을
보여 주어라."**

이것이 바로
낭만주의의
첫 번째 특징이다.

〈안개 바다 위의 방랑자〉
카스파 다비드 프리드리히,
함부르크 쿤스탈레 미술관
거대한 자연 앞에 선 예술가의
고독한 내면이 느껴지는 작품이다.

낭 만 주 의   03 ROMANTICISM

"예술은 자유정신이다"
낭만주의적 생각의 특징(2) 소재와 형식에 구애받지 말라

〈레프카다 절벽에서 뛰어내리는 사포〉 앙투안 장 그로, 바이외 제라르 남작 미술관
고대 그리스의 서정시인 사포는 사랑의 상처로 삶의 의욕을 잃고,
더 이상 '한 줄의 시도 쓸 수 없어' 자살한 것으로 전해진다.

1835년 프랑스 파리.
잘 차려입은 한 남자가 센 강에 몸을 던져 자살했다.
이 남자는 화가였고, 그의 이름은 그로였다.
그는 자신이 그린 그리스 여류 시인 사포와 닮은 꼴로 생을 마감했다.

〈그로 남작〉 프랑수아 제라르,
툴루즈 오귀스탱 박물관

그는 화가로 크게 인정받아
남작 작위까지 받은 인물이었다.
그런 그가 강물에 몸을 던진 건
예술에 대한 번민과 갈등 때문이었다.

그의 스승이자 고전주의의 대가 다비드는
그에게 반복적으로 다음과 같은 가르침을 주입했다.

"반드시 고전적인 데서
아름다움을 찾고,
다른 길로 빠져서는 안 된다."

하지만 그는
스승의 가르침과는
다르게 그리고 싶었다!

그런데 여기서 스승이 말하는
'고전적인 아름다움'이란
무엇일까?

그리고 그는 어떻게
그리고 싶어 했던 것일까?

〈에일로 전장의 나폴레옹〉 앙투안 장 그로, 루브르 박물관
스승 다비드의 가르침에 따라 그린 고전주의 작품이다.

고전주의의 두 가지 공식: 소재와 형식

그로의 스승 다비드가 원한 고전적인 그림이란 이런 것이었다.

〈호메로스 예찬〉
장 오귀스트 도미니크 앵그르,
루브르 박물관

그림 정중앙에는 승리의 여신으로부터 월계관을 받고 있는
고대 그리스의 시인 호메로스가 있다.
그리고 주변에서 그를 둘러싸고 있는 인물들은
고대 그리스, 로마 시대의 위대한 예술가, 철학자, 시인들이다.

한마디로 고전주의 화가 앵그르가 선택한 인물들은
모두가 후세에 모범이 될 만한 인간상들이었다.

고전주의 그림의 첫 번째 공식은 바로 '고상한 소재'다.
"고상한 미덕과 교훈을 담은 역사화를 그려라!"

고전주의의 대표자 앵그르의 또 다른 그림을 보자.
이 작품은 이상적인 몸의 아름다움을 표현하기 위해 그린 그림이다.

그는 놀라운 솜씨로
매끄럽고 우아한 여인의 뒷모습을
마치 사진처럼 정밀하고도
입체적으로 표현했다.

이를 위해 앵그르는 두 가지 방법을 썼다.

첫째, 데생에 최대한 공을 들여
윤곽선을 명확히 하였다.
그는 채색을 해도 보일 만큼,
선을 강조하여 데생을 했다.

〈목욕하는 여인〉
장 오귀스트 도미니크 앵그르, 루브르 박물관

〈파트로클로스〉
자크 루이 다비드, 셰르부르 토마 앙리 박물관
〈일리아스〉에 나오는 아킬레우스의 친구로,
다비드가 고전주의적 방식으로 재현했다.

둘째, 색깔은 최대한 튀지 않게
절제해서 사용하였다.

고전주의 그림의 두 번째 공식은 바로
'엄격한 형식'이다.
"선과 윤곽은 선명하게,
색깔은 정도에 넘치지 않게!
그래서 품위 있는 느낌을 주어라!"

〈사르다나팔루스의 죽음〉: 소재와 형식의 파격성

그런데……
1827년 파리의 살롱 전시회에 참석한 사람들은
한 그림 앞에서 경악을 금치 못했다.

〈사르다나팔루스의 죽음〉 외젠 들라크루아, 루브르 박물관

한눈에 봐도 난장판 그 자체였다.
오늘날 낭만주의 회화의 대표작으로 꼽히는 이 그림은
들라크루아(1798~1863년)의 〈사르다나팔루스의 죽음〉이다.

이 그림을 본 당시 미술성 장관은
들라크루아에게 냉담하게 경고했다.
"정부의 지원을 바란다면 완전히 다르게 그려야 할 게요."

〈사르다나팔루스의 죽음〉이 보여 주는 이야기는 이렇다.

옛 아시리아의 왕
사르다나팔루스는
반란군이 궁을 점령하자
총애하던 시녀들을
침실에 모아 놓고 죽여 버린다.

몸을 비트는 사람, 쓰러진 사람,
칼로 찌르는 사람, 절규하는 사람,
그리고 침대에 비스듬히 누운 채
이 잔혹한 광경을
태연하게 지켜보는 왕.

〈자화상〉 외젠 들라크루아, 루브르 박물관

사람들이 이 그림에 경악한 이유는 두 가지다.

첫째, 소재의 측면이다.
도대체 도덕이라곤 눈 씻고 찾아봐도 없는
막돼먹은 장면을 스스럼없이 그리다니!
둘째, 형식의 측면이다.
핏빛 색조가 주를 이루는 강렬하고 과장된 색채를 보라!

이 그림은 고전주의의 두 가지 공식을 깡그리 무시한 작품이었다.

앵그르 vs. 들라크루아

앞서 말한 고전주의의 두 가지 공식은
그 당시 예술가들이라면 반드시 따라야 할 규칙이었기에,
이 공식이 예술가들을 무겁게 짓누르고 있었다.

그러나 일부 예술가들은 이 공식을 지긋지긋해 했다.
그중 한 사람이 바로 다비드의 제자 그로 남작이었던 것이다.

〈샤를 7세의 대관식에서의 잔 다르크〉
장 오귀스트 도미니크 앵그르, 루브르 박물관
고전주의의 두 가지 공식이 잘 드러나 있는 작품이다.

고전주의자들은
고대 그리스, 로마 문화의
부활을 꿈꾸었다.

그리고 고대인들의
고상한 가르침을
전달하기 위해서는,
정확하고 엄격하게
그리는 것이 필요했다.

그들이 볼 때
모름지기 그림은
품위가 있어야 하며,
결코 어지럽거나
요란스러워서는 안 되었다.

앵그르의 회화 노트의 한 대목을 보자.

"절대 강렬한 색을 쓰지 말 것. 진짜 색조를 못 찾겠거든 차라리 회색을 써라."

하지만 낭만주의자 들라크루아는 이에 저항한다.

"세상에! 화가에게 색을 쓰지 말라니! 데생(선)보다는 색채가 훨씬 더 중요하다."

〈프랑스 학사원 앞에서 벌어진 들라크루아와 앵그르의 결투〉
1849년 프랑스의 한 잡지에 실린 캐리커처. 왼쪽이 낭만주의자 들라크루아, 오른쪽이 고전주의자 앵그르다.

그는 교훈적 메시지보다는,
감정의 소용돌이가
잘 드러나는
격렬한 움직임의 순간을
표현하고 싶어 했고,

그러려면
답답한 윤곽선을 풀어 헤치고,
색깔을 자유롭고
과감하게 써야 했다.

〈레베카의 납치〉 외젠 들라크루아, 뉴욕 메트로폴리탄 박물관
십자군 전쟁을 소재로 한 소설 〈아이반호〉의 한 장면이다.
선명한 색채를 써 격렬한 움직임을 보여 주고 있다.

빅토르 위고의 낭만주의 선언문, 〈크롬웰〉 서문

들라크루아의 그림 〈사르다나팔루스의 죽음〉에 담긴 생각은
프랑스 작가 위고의 희곡 〈크롬웰〉의 서문과도 잘 통한다.

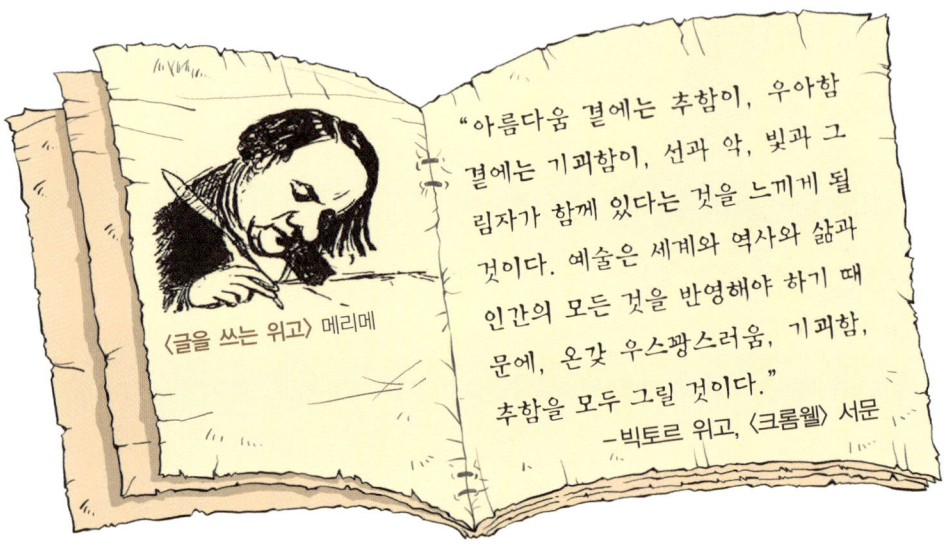

"아름다움 곁에는 추함이, 우아함 곁에는 기괴함이, 선과 악, 빛과 그림자가 함께 있다는 것을 느끼게 될 것이다. 예술은 세계와 역사와 삶과 인간의 모든 것을 반영해야 하기 때문에, 온갖 우스꽝스러움, 기괴함, 추함을 모두 그릴 것이다."
— 빅토르 위고, 〈크롬웰〉 서문

〈글을 쓰는 위고〉 메리메

이처럼 낭만주의 문학가 위고는
예술이 결코 점잖은 교훈만을 담아서는 안 된다고 선언하고 있다.

또 낭만주의 이전 시대에는
희곡을 쓸 때 반드시 지켜야 할 형식상의 규칙이 있었다.

'하루 동안, 한곳에서 일어나는 하나의 사건을 다룬다.'

시간의 일치, 장소의 일치, 줄거리의 일치.
이를 '삼일치의 법칙'이라고 한다.

이는 고대 그리스의 철학자 아리스토텔레스가
자신의 책 〈시학〉에서 정리한 희곡 창작의 법칙들인데,
18세기에도 여전히 이 공식을 떠받들고 있었던 것이다.

하지만 위고는 〈크롬웰〉 서문에서 말한다.
"시간과 장소의 일치야말로 문학을 구속하는 것이다!"

세계는 복잡하고, 사람도 복잡하다.
감정은 다양하며, 추하거나 악한 사람도 있다.
그런데 '이건 된다, 이건 안 된다'는 식으로
답답하게 족쇄를 채워 버리면,
예술은 인간사의 복잡 다양한 모습을 담아낼 수 없다.

"작품에 교훈을 담지 말고 느낌(감성)을 담아라.
이를 위해 소재든 형식이든 자유롭게 표현하라!"
이것이 낭만주의자들의 생각이었던 것이다.

"색채를 해방하라."

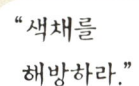
〈자화상〉 들라크루아

"낭만주의, 그것은 자유정신이다."

〈빅토르 위고〉 레옹 보나

"예술을, 생명을 해방하라."

〈바이런〉 토마스 필립스
바이런은 영국의 낭만주의 시인이다.

2장 낭만주의가 탄생한 정신적 배경

04 "빛의 철학에 딴죽걸기"
05 "거센 바람처럼, 성난 파도같이! 질풍노도 운동"
06 "오시안과 옛 민족들의 노래"

낭 만 주 의   04 R O M A N T I C I S M

"빛의 철학에 딴죽걸기"
낭만주의의 정신적 배경(1) 계몽주의 철학에 대한 반발

〈바스티유 감옥의 함락〉 장 피에르 우엘, 프랑스 국립 도서관

1789년 7월 14일,
수천 명에 달하는 성난 군중들이
프랑스 파리의 바스티유 감옥을 점령했다.

자유와 평등, 박애를 외치며 왕을 몰아낸 일대 사건,
'프랑스대혁명'은 이렇게 시작되었다.

프랑스 위인들의 묘지 팡테옹

그리고 1791년, 프랑스대혁명이 한창일 무렵
파리의 한 성당이 '팡테옹'으로 바뀌었다.
팡테옹은 나라를 빛낸 위인들을 모시는 묘지이자 기념관이다.
혁명의 지도자들은 영웅들의 시신을 이곳에 묻고 싶어 했다.

〈장 자크 루소의 팡테옹 안치〉 지라데, 프랑스 학사원

팡테옹에 묻힌 첫 번째 영웅들은,
혁명이 일어나기 11년 전에 이미 죽은
프랑스 사상가 볼테르와 루소였다.
이들의 시신은 웅장한 행렬 속에
팡테옹으로 옮겨졌다.

그런데 죽은 지 11년이나 된
그들의 묘소를 굳이
다시 옮긴 이유는 무엇이었을까?

'빛의 철학' 계몽주의, 프랑스대혁명을 일구어 내다

1789년 바스티유 감옥에서 혁명의 불길이 치솟은 후,
혁명 정부가 왕이 나라의 주인이던 시대를 끝내고
"모든 인간은 자유롭고 평등하다."고 선언하자,
온 유럽은 함께 흥분했다.

그런데 17~18세기에 이미 유럽인들에게
자유와 평등을 가르친 한 무리의 사람들이 있었다.

영국의 〈존 로크〉
(1632~1704년)
고드프리 넬러

"모든 사람은 자유롭고 평등하게 태어났고,
생명과 자유와 재산에 관한 권리를 부여받았다.
그리고 타인의 그런 권리를 존중해야 할 의무가 있다."

"인간은 본래 자유인으로 태어났다.
그러나 모든 곳에서 쇠사슬에 묶여 있다."

프랑스의 〈루소〉(1712~1778년)
앨런 램지

"종교보다는 우리 자신을 믿고,
스스로 모든 것을 보자.
스스로 생각하고, 다른 사람들도
그럴 권리를 누리게 하라."

프랑스의 〈볼테르〉(1694~1778년)
카트린느 뤼쉬리에

이들은 '계몽주의자'라고 불렸다.

계몽주의는 영어로 Enlightenment이다.
Enlightenment = en(~하게 하다) + light(빛) + en + ment(것)
즉, 어둠에 빛을 비추는 것이다.

여기서 어둠이란, 낡고 터무니없는 미신을 뜻한다.
그 당시 대표적인 '어둠'은 왕, 신분제, 교회 권력이었다.
그리고 '빛'이란 인간의 냉정한 정신 즉 이성, 합리성, 과학을 뜻한다.

**계몽주의자들은 '이성'과 '과학'의 빛으로,
사람들이 모든 어둠과 미신을 떨치고 "깨어나라!"고 외쳤다.**
그들은 온 유럽인들이 새 세상을 간절히 꿈꾸게 하였고,
그 꿈들이 모여 마침내 프랑스대혁명으로 나타난 것이다.

이처럼 볼테르와 루소는 혁명의 스승이었기에,
두 사람이 팡테옹에 성대하게 모셔진 것이다.

계몽주의와 고전주의

차가운 이성을 최고로 치는 '빛의 철학' 계몽주의는
예술 분야에도 자연스럽게 스며들었고,
그렇게 해서 나타난 것이 바로 고전주의(예술 분야의 계몽주의)다.

〈호라티우스 형제의 맹세〉 자크 루이 다비드, 루브르 박물관

고전주의의 거장 다비드의 〈호라티우스 형제의 맹세〉.
로마를 대표해 적과의 결투를 앞둔 호라티우스 삼형제가
아버지 앞에서 결연히 승리를 맹세하는 장면이다.

프랑스대혁명이 터지기 5년 전에 제작된 이 작품은
마치 혁명의 기운을 예고하는 듯 긴박감이 넘친다.
혁명 직전의 투지와 기백을 담아내고 있는 것처럼 여겨져
당시 열광적인 반응을 불러일으켰다.

이 그림은 내용상으로는
고대 로마의 역사에서 교훈적 메시지를 담고 있다.
또 형식상으로는
또렷한 윤곽선을 사용하고, 화려한 색 사용을 자제하고 있다.
고전주의의 대표 규칙 두 가지를 잘 지키고 있는 것이다.

자연에는 법칙이 있다.
이 법칙을 발견한 이는 뉴턴이다.
뉴턴은 '어둠'에 묻혀 있던 자연에
이성의 '빛'을 드리웠다.

"마찬가지로 예술에도 규칙이 있다.
시도, 노래도, 그림도
규칙이 있어야만 아름답다.
예술가는 이 규칙을 발견하고
충실히 따르기만 하면 된다."

〈아이작 뉴턴〉 고드프리 넬러

이것이 고전주의자들의 생각이었다.

그리고 규칙을 발견하기 위해 필요한 건 인간의 차가운 이성이었다!

**이처럼 예술 분야에서도 이성은 대유행이었고,
고전주의는 매우 이성적이고 합리적인 예술이었다.**

빛의 감옥, 이성의 감옥

그러나 '빛의 철학'은, 간혹 너무 눈부셨다.
가령 독일의 예술 학교들은 학생들에게
고전주의 예술의 규칙들을 어찌나 엄격하게 훈련시켰는지,
'시베리아'라는 별명으로 불렸다.

그곳의 선생들은
이렇게 가르쳤다.
"예술 학교 학생이라면,
누구나 고대 조각을
석고로 본뜰 줄
알아야 해.
밤을 새워서라도!
완벽하게! 똑같이!"

또 어떤 철학자들은 기적이나 신비를
합리적으로 해석하고 증명할 수 있다고 주장하며
이렇게 말하기도 했다.
"예수가 물을 포도주로 바꾼 건 기적이 아니야.
인간이 아직 이해할 수 없는 '과학'을 알고 있었던 거지."

이처럼 계몽주의는 세상의 모든 신비를
차가운 이성으로 말끔히 씻어 내려 하였다.

또 영국의 시인 드라이든은 상상력을 비웃기도 했다.
"상상력은 날뛰는 강아지처럼 너무나 사납고 제멋대로야.
열광적이고 황홀하고 신비스러운 건, 시가 아니야."

그렇게 온 유럽을
비추던 이성의 빛은
꿈 많은 예술가들을
가두는 새장이 되었다.
열정적인 예술가들은
그 새장에 갇혀
살 수 없었다.

프랑스 혁명정부의 공포정치를 영국에서 바라보며
풍자한 그림, 조지 크룩섕크

게다가 오로지 이성의 힘으로
좋은 세상을 만들 수 있다고 믿었던
프랑스대혁명은 혼란을 거듭해 갔다.

혁명 세력 중 강경파들은
가혹한 '공포정치'를 펼치며
1만 7,000명을 단두대에서
처형했다.

냉철하기 그지없다는 이성이
과연 이래도 되는 것일까?

예술가들, 이성의 감옥에서 탈출하다

1791년 독일의 한 예술 학교.

모두가 잠든 밤,

코흐라는 젊은 미술학도가 남몰래 침대 시트를 뜯는다.

그는 시트를 밧줄처럼 꼬아 창밖으로 던진다.

조심조심 내려간다.

그리고 프랑스 국경에 닿을 때까지 쉬지 않고 달리며 외친다.

"탈출이다! 자유다!
상상력을 옥죄고 열정을 다 죽이는
답답한 계몽주의 예술 교육으로부터 해방이다!"

코흐는 머리카락을 짧게 자른다.

그리고 잘라 낸 머리카락을 독일의 예술 학교 선생들에게 보낸다.

당신들의 새장으로는 결코 돌아가지 않겠노라며.

새장을 열고 날아간 새는
코흐만이 아니었다.

웅크려 있던 시인과 화가들이
하나 둘 새장에서 뛰쳐나와
외치기 시작했다.
"예술은 생명의 나무,
과학은 죽음의 나무야!"

〈무지개가 있는 풍경〉
요제프 안톤 코흐, 독일 칼스루에 국립 미술관
코흐는 초기 낭만주의자로 통한다.

도망친 반항아들이
당시 유럽을 지배하던
계몽주의의 원칙을 비웃으며 칼질을 하기 시작했다.
이성에 대한 의심과 염증 속에서
이성의 빛, 계몽의 빛을 깨부순 것이다.

**차가운 머리, 냉철한 이성, 합리적 과학만이 강조된 시대에
뜨거운 가슴과 따뜻한 감성, 싱싱한 생명력을 되찾는 것.**

이것이 바로 낭만주의자들의 생각이었던 것이다.

"과학은 성큼성큼 앞으로 내닫는다.
그러나 우리가 풍요로워지는 건 사랑과 온화함 속에서가 아닌가?"
―영국의 낭만주의 시인 워즈워스

한 걸음 더! 읽고 싶은 사람만 읽기!

프랑스의 신고전주의

신고전주의란? 유럽에서는 오랫동안 고대 그리스와 로마의 문화를 모범으로 삼는 '고전주의'의 전통이 있었어. 고대에 대한 관심은 14~16세기 사이의 르네상스 시대에 특히 높았는데, 이 시기 고전주의자들은 그리스와 로마의 고전들을 발굴하고 복원하는 데 힘을 쏟았어. 그들은 그리스, 로마의 문화를 중세의 기독교 문화에 맞서기 위한 대안으로 보았거든.

르네상스 이후에도 고전주의는 유럽에 한 번 더 찾아왔어. 18세기 중반의 일이지. 이 무렵 헤라클라네움(1719~1738년)과 폼페이(1748년)의 유적을 시작으로, 고대 그리스와 로마의 유적들이 잇달아 발굴되었어. 연이은 발굴로 고대 문화를 눈앞에서 접할 수 있게 되자, 유럽 사람들은 또 한번 그리스, 로마 문화에 매혹되기 시작했어. 이를 '신고전주의'라고 불러. 르네상스의 고전주의와 마찬가지로, 신고전주의 역시 그리스, 로마의 고전 작품들을 '모방'하는 데 관심을 두었어.

신고전주의는 예술의 이상이 무엇인지 해답과 원칙을 제시하고 질서를 세우려고 했어. 고대의 문화가 자연의 질서와 진리를 담고 있다고 믿었기 때문에, 고전 작품에서 발견되는 법칙을 그대로 따르는 것이 곧 자연의 진리를 재현하는 것이라는 생각을 하게 되었지.

신고전주의자들은 형식 면에서는 규칙성을, 내용 면에서는 교훈을 중요시했어. 그들은 예술이 인간을 합리적이고 올바른 방향으로 이끌 수 있어야 한다고 믿었어. 그래서 늘 영웅적인 인간의 모습을 그리려고 했지.

보통 우리는 예술을 '이성'의 영역이 아닌, '감성'의 영역으로 생각하는 경우가 많아. 하지만 신고전주의자들은 그 둘 중에서 이성이 우위라고 생각했고, 그런 점에서 신고전주의는 이성을 중시한 계몽주의 철학이나 혁명의 이념들과 서로 통한다고 볼 수 있어.

> **나폴레옹과 제정양식**

고전주의는 프랑스대혁명이 발발하기 전부터 나폴레옹 이후까지, 대략 1770~1830년 사이에 프랑스에서 주류를 이루었던 양식이야. 나폴레옹이 등장하고부터 좀 더 화려하고 웅장해지지.

특히, 프랑스의 제1제정 시대(1804~1814년, 나폴레옹 1세가 황제로 있던 시기)에 융성했던 신고전주의 미술의 한 단계를 일컬어 제정양식이라고 해. 나폴레옹은 로마 제국과 같이 성대한 제국을 꿈꿨지.

〈황제 나폴레옹 1세의 대관식〉 자크 루이 다비드
나폴레옹 시대 제정양식을 보여 주는 대표적인 작품으로, 화려하고 웅장한 느낌을 준다.

나폴레옹의 '제국의 꿈'이 투영된 이 양식은 특히 건축 분야에서 꽃을 피웠어. 이탈리아에서 약탈해 온 걸작품들이 줄줄이 파리 시내로 운반되었고, 새로 지은 건물들은 로마 제국의 건물들을 본떠 만들어졌지.

한술 더 떠 신고전주의는 실내장식과 가구, 복장과 헤어스타일까지 다방면에서 유행했어. 황동 장식과 화환, 백조, 월계수, 스핑크스, 왕관, 나폴레옹의 첫 글자인 'N' 등이 가구나 직물의 장식 문양으로 자주 사용되었지.

〈파리의 카루젤 개선문〉
1808년 건립된, 제정양식의 대표적 건축물이다.

낭 만 주 의   05 ROMANTICISM

"거센 바람처럼, 성난 파도같이! 질풍노도 운동"

낭만주의의 정신적 배경(2) 체제에 대한 반항심

〈도적 떼〉 카스파 다비드 프리드리히

1782년, 독일 만하임의 한 극장에서 일대 혼란이 일어났다.
연극 〈도적 떼〉가 공연되는 도중이었다.

"극장 안은 정신병원 같았다.
객석에서는 눈동자를 굴리고, 주먹을 불끈 쥐고, 소리를 질렀다.
낯모르는 사람들이 서로 훌쩍이며 끌어안았고,
여자들은 문 앞에서 거의 졸도할 지경이었다."

-〈도적 떼〉 초연 당시의 기록

관객들이 이토록
충격을 받은 건,
약탈을 하고도
되레 잘했다는 듯
관객을 향해 큰소리치는
연극 속의 한 도적 때문이었다.

"내가 약탈을 한 건 사실이오.
그러나 그게 전부는 아니오!"

그는 대체 뭘
주장하고 싶은 것일까?

이 도적은, 독일의 극작가
실러가 22살에 쓴 첫 작품
〈도적 떼〉의 주인공 카를이다.

〈도적 떼〉 요한 하인리히 람베르크
신부가 도적 떼들 사이에서 그들의 약탈과 살인 행위를
격렬한 어조로 비난하고 있다.

첫 공연에서 이처럼 엄청난 파란을 몰고 온 〈도적 떼〉.
이 작품에 담긴 메시지로 인해
실러는 당국의 미움을 사 집필 활동을 금지당했고,
그 후 도피 생활을 하며 작품을 발표해야 했다.

실러가 이 연극에 담고 싶었던 메시지는 과연 무엇일까?

실러의 〈도적 떼〉 속으로…

실러의 〈도적 떼〉는 모어 백작의 두 아들
카를과 프란츠의 이야기다.

고상한 성품을 가졌지만, 자유로운 생활을 즐기느라
집을 떠나 있던 카를이 아버지에게 돌아오려고 편지를 쓴다.

〈도적 떼〉 다니엘 호도비에츠키

그러나 동생 프란츠는
형 카를의 편지를 조작한다.
그런 뒤 프란츠는
아버지를 껴안으며
울부짖는다.
"형님이 수치스럽습니다!"

프란츠는
영주 자리와
아버지의 재산을
차지할 목적으로,
형 카를이
온갖 파렴치한 행동을
하고 다닌다고
아버지에게
모함한 것이다.

아버지에게 쫓겨난 카를의 성난 외침.
"인간, 인간들!
교활하고 위선적인 악어 같은 종자들!
사랑하는 핏줄에 버림을 받는다면
어찌 분노하지 않겠는가!"

그리하여 그는 핏줄을 버릴 정도로
비뚤어진 사회를 바로잡고,
권위적인 폭정과 압제에 저항하고,
더 나은 세계를 만들 것을 꿈꾸며
약탈과 살인을 일삼는
도적단의 두목이 된다.

〈도적 떼〉 요한 하인리히 람베르크

그리고 자신을 비난하는 신부에게 이렇게 항변한다.
"내가 약탈을 한 건 사실이오. 그러나 그게 전부는 아니오!
이 루비 반지는 내가 어느 대신의 손가락에서 뽑은 것이오.
그 대신은 아첨을 통해 그 자리로 기어올라 간 놈이었소.
또 그놈은 직책과 관직을, 뇌물을 가장 많이 가져오는 자에게
팔아먹었소."

정의가 지배하는 사회를 만들겠다고 결심한 카를,
그러나 자신의 부하들이 저지른 만행 때문에 고뇌한다.
'과연 이상적인 세상을 만들기 위해서라면 사람을 죽여도 좋은가?'

한편 아버지에게 계략이 들통 난 동생 프란츠는 목매어 자살하고,
아들이 도적단의 두목임을 안 아버지는 괴로워하다 죽는다.

그리고 카를은 자신이 저지른 일들에
책임을 지려고 자수하며 혼자 되된다.
"이 세상을 폭력으로 아름답게 만들 수 있다고 믿었다니,
내가 어리석었다."

실러와 질풍노도 운동

첫 공연부터 큰 파문을 몰고 온 연극 〈도적 떼〉는
이후 독일 각지에서 무대에 올랐다.
청중들은 프란츠의 악행과 카를의 만행 앞에 경악하면서도,
한편으로는 카를이 던지는 매섭고도 날카로운
사회 비판의 목소리를 들으며 속 시원해 했다.

이처럼 실러는 한 무법자의 입을 빌어 사회를 비판했으며,
그 결과 그는 첫 작품부터 반체제 인사로 낙인찍히게 되었다.

〈도적 떼〉의 책머리에는
다음과 같은 문구가 쓰여 있다.
"압제에 저항하며."

그는 또 베토벤의
〈합창〉 교향곡 가사로 사용된
유명한 시 〈환희에 부쳐〉에서
이렇게 노래한다.

"군주의 폭압으로부터 자유를!"

이처럼 그의 삶은 자유에 대한
열망으로 가득 차 있었다.

〈프리드리히 실러〉 루도비케 시마노비츠

18세기 말의 독일은
나라의 주인이던 왕이
절대적인 힘을 가진
절대왕정 사회였다.

엄청난 토지를 가진 귀족층들이
곳곳에서 행세하고 있었고,
또 군대가 나라의 중심이었던
군국주의 사회였다.
그리고 언론이나 예술에 대한
검열도 늘상 이루어졌다.

프리드리히 2세의 동상
안드레아스 슈타인호프, 베를린
프리드리히 2세는 당시 독일의 절대 군주였다.

그리하여 이 시절 독일의 문학청년들은 성이 나 있었다.
그 무렵 스물두 살의 청년이었던 실러 역시
그 성난 젊은이들 중 하나였다.

그들은 보았다.
타락한 인간, 부당한 사회, 쓸모없는 도덕을!
그리하여 그들은 작품을 통해 세차게 요구했다.

"억압이 아니라 자유를!"

이것이 18세기 후반 독일 문학계를 휩쓸고 지나갔던
'거센 바람과 성난 파도(슈투름 운트 드랑, Sturm und Drang)',
즉 질풍노도 운동이다.

이는 억압적인 세상에 대한 성난 젊은이들의 저항 운동이었고,
정치적 권위주의와 폭정에 대한 예술적 반란이었다.

이들의 사회 비판과 저항은
냉철한 계몽주의적 이성에 의해 계산적으로 이루어진 것이 아니었다.
그것은 오히려 거칠고 감성적인 저항이었으며
말 그대로 마치 '폭풍'처럼 몰아쳤다.

이러한 질풍노도 운동에 담긴 자유정신과 감성중심주의는
이후 낭만주의의 정신적 배경이 되었다.

"나는 어떤 주군도 섬기지 않는 세계시민으로서 글을 쓴다."

—프리드리히 실러

한 걸음 더! 읽고 싶은 사람만 읽기!

독일의 낭만주의

질풍노도 운동이란? 1760~80년대 독일의 젊은이들 사이에서 계몽주의에 반대하는 문학 운동이 일어나 세상을 떠들썩하게 했지. 감성과 열정, 자연을 중요시하고 기존의 예술적 관습을 경멸했던 이 문학 운동에는 '질풍노도'라는 이름이 붙었어. 이는 클링거라는 작가의 희곡 〈뒤죽박죽 또는 질풍노도(Sturm und Drang)〉(1775년)에서 따온 거야. 독일 문학이 갑작스럽게 꽃핀 이 시기에 젊은이들을 지배한 것 중 하나는 괴테와 그의 천재 개념('예술가는 신과 같은 창조 행위를 하는 천재들이다')이었어. 그래서 이 시기를 '천재의 시대' 또는 '괴테의 시대'라고 부르기도 해.

이 시기의 주요 작품으로는 괴테의 〈젊은 베르테르의 슬픔〉(1774년)과 실러의 〈도적 떼〉(1781년)를 들 수 있어. 앞의 작품이 사회적 인습과 이성의 굴레에 억눌린 감정의 자유로운 해방을 부르짖었다면, 뒤의 작품은 정치적 억압과 폭정에 대해 반란의 깃발을 드높였다고 할 수 있지. 안타까운 일이지만, 괴테와 실러를 제외하고는 이 시기에 이렇다 할 작품을 남긴 작가가 없어. 그렇지만 이 운동의 정신만큼은 후일 독일 낭만주의 운동으로 이어지게 되지.

'촌구석'에서 피어난 화려한 문화 19세기 전반 유럽 전역으로 퍼지게 될 낭만주의가 처음 시작된 곳은 독일이야. 18세기 말에 시작된 독일 낭만주의는 민족적 정체성을 찾으려는 노력과 따로 떼어 놓고 생각할 수 없어.

당시 독일은 통일을 이루지 못한 채 작은 나라들로 사분오열되어 있었어. 그나마 프로이센이 가장 크고 강력했지만, 어쨌든 독일인들 전체가 공유할 수 있는 예술적 전통이나 문화적 중심지가 없었지. 어떤 학자는 이 시기의 독일에 대해 "사실대로 말하자면 뒤떨어진 촌구석이었다."라고 대놓고 말할 정도였다니까. 독일의 대문호인 괴테도 "우리는 '여기가 독일이다'라고 말할 수 있는 어떤 곳도 가지고 있지 않다."며 탄식했어. 16세기까지만 해도 독일은 유럽 문화에서 영향력이 컸었는데, 이게 대체 어찌된 일인가 싶었던 거지.

17~18세기에 유럽의 지적, 문화적 유행을 선도한 중심지는 프랑스의 파리였어. 루소는 자신의 저서 〈에밀〉에서 "유럽의 책들 중, 파리에서 교육받지 않은 사람이 펴낸 책이 드물다."라고 말했고, 괴테는 파리를 '세계의 도시'라고 불렀지. 프랑스의 파리가 유럽 문화의 중심이었고, 프랑스 문화는 온 유럽 사람들이 따라야 할 '교양'이었어.

이는 독일에서도 마찬가지였지. 게다가 1806년 나폴레옹이 독일을 침략해 점령한 이후에는, 문화뿐 아니라 정치적으로도 프랑스에 종속되는 처지가 돼. 파리 같은 대도시도, 문화적 중심지도, 경제적인 활기도 없었던 독일. 당시 유럽의 눈부신 경제 성장을 마주하고, 학문과 예술을 비롯한 삶의 모든 영역을 지배하는 프랑스를 지켜보면서 독일인들의 가슴속에선 굴욕감과 열등감이 함께 생겨났지.

이렇게 잘게 흩어져 있는 독일의 작은 나라들에서 이성의 '보편성'을 막무가내로 주장하는 건 별 호소력이 없었어. 심지어 심한 적대감에 부딪히게 되었지. 독일의 작가와 사상가, 예술가들은 신고전주의나 계몽주의와 같은 '프랑스적인 것'을 본보기로 삼는 게 점점 불쾌해졌어. 비참한 자신들의 현실이 점차 자존심을 일깨우기 시작한 거지. 그래서 그들은 독일이 다른 나라들을 앞서 나가던 시기인 중세 시대로 눈을 돌리기도 했어. '비합리적이고 감성적이고 특수하고 지역적인 것에 대한 관심'. 낭만주의를 만든 이런 생각들은 이처럼 독특한 독일의 상황에서 생겨난 거야.

낭만주의 06 ROMANTICISM

"오시안과 옛 민족들의 노래"
낭만주의의 정신적 배경(3) 문화적 다양성의 발견

고대 서사시
〈핑갈〉의
1762년판 표지

〈오시안의 꿈〉 장 오귀스트 도미니크 앵그르, 몽토방의 앵그르 박물관
핑갈의 아들 오시안이 꿈속에서 핑갈과 다른 가족들을 만나고 있다.

1762년, 스코틀랜드의 시인 제임스 맥퍼슨이
〈핑갈〉이라는 제목의 책을 출판하였다.

이 책은 수많은 유럽인들,
특히 알프스 산맥 이북에 있는 중북부 유럽인들의 마음을 사로잡았고
유럽 전역에서 순식간에 유명해졌다.

이 책의 내용은 이렇다.
핑갈은 3세기경 스코틀랜드의 왕이었다.
그는 전투에 나가 용감하게 싸우다 전사했고,
다른 가족들까지 전쟁 중 비극적인 최후를 맞이하였다.
살아남은 혈통은 단 한 명, 그의 아들 오시안.

홀로 남겨진
오시안은
눈이 먼 채로
하프를 뜯으며,
죽은 이들을
그리워하고
가문의 지나간
이야기를 읊는
음유시인*이 되었다.

〈로라 강변에서 하프 선율로 혼령들을 불러내는 오시안〉
프랑수아 제라르, 말메종 국립 박물관
오시안이 하프를 연주하며 죽은 이들을 애타게 부르고 있다.

*음유시인: 여러 지방을 떠돌아다니며 시를 읊었던 시인

책 〈핑갈〉에는
오시안이
고대 켈트어로
노래한,
핑갈 왕가의 몰락 이야기를 영어로 번역한 내용이 담겨 있었다.
그리고 사람들은, 3세기경의 노래가 1500여 년이 흐른 후
비로소 세상에 모습을 드러냈다고 놀라워했다.

유럽에서 분 오시안 열풍과 그 이유

음유시인 오시안이 노래한 이 대서사시는
어느새 트로이 전쟁만큼이나 유명해졌고,
당시 막 싹이 트던 낭만주의 신봉자들의 필독서가 되었다.

〈달빛 사이로 혼령과 조상을 보는 핑갈〉
니콜라이 아브라함 아빌고르, 코펜하겐 국립 미술관

수많은 화가들이
핑갈의 이야기를
화폭에 담았고,

수많은 문학가들이
소설과 희곡 속에
오시안의 시를
담아 노래했다.

또 낭만주의 음악가 멘델스존은
핑갈의 전설을 소재로
〈핑갈의 동굴〉이라는
음악을 작곡했다.

심지어 나폴레옹도
오시안의 시를
열심히 읽으며 감동을 받았다.

작곡가 멘델스존이 스코틀랜드 여행 중에 그린 드로잉
멘델스존은 〈핑갈의 동굴〉을 작곡하기 1년 전
스코틀랜드를 직접 방문하기도 했다.

낭만주의자들이 이 옛 시인의 노래에 매료된 이유는 무얼까?
이를 위해 괴테의 〈젊은 베르테르의 슬픔〉 후반부에서
인용된 오시안의 시들을 직접 보자.

베르테르는 자살을 결심하고
마지막으로 사랑하는 여인 로테를 보러 간다.
그 자리에서 그는 '눈에 눈물이 그득 괸 채'
자신이 번역한 오시안의 시를 그녀에게 낭송해 준다.

"어찌하여 그대는 나를 깨우는가, 봄바람이여!
그대는 유혹하지만, 나 또한 여위고 시들 때가 가까웠다.
그 언젠가 내 아름다운 모습을 보았던
나그네가 내일 찾아오리라.
그는 들판에서
내 모습을 찾겠지만,
끝내 나를 찾아내지는
못하리라."

마침내 두 사람은 감동에 젖어 손을 잡고 흐느껴 운다.

말하자면, 오시안의 가엾고 슬픈 운명,
그리고 그의 시가 자아내는 우울하고 쓸쓸한 분위기가
당시 낭만주의자들과 감성적으로 잘 통했던 것이다.

오시안, 유럽인을 고대 그리스, 로마로부터 해방시키다

그런데 사실 〈핑갈〉에 실린 옛 노래들은
오시안이라는 3세기 스코틀랜드의 음유시인이
읊은 내용이 전해진 것이 아니라,
제임스 맥퍼슨이 지어낸 것이었다.

그리고 사람들도 진작부터 그 사실을 잘 알고 있었다.

그런데도 오시안 열풍은
전혀 사그라지지 않았고,
사람들은 오시안에게
계속 마음을 뺏겼다.

그 이유가 뭘까?

오시안은
사람들 사이에서
'북유럽의 호메로스'로 불리었다.
그러니까, 당시 사람들은 오시안의 시를 읽으며
영웅서사시가 고대 그리스와 로마에만 있었던 게 아니라,
중북부 유럽에도 있었다는 걸 확인받고 싶어 했던 것이다.

이 사실은 낭만주의자들에게 매우 중요했다.

〈스파타 섬의 핑갈의 동굴〉
윌리엄 터너, 예일대학교 브리티쉬 아트 센터

〈아킬레우스의 막사를 찾아온 아가멤논의 사신들〉
장 오귀스트 도미니크 앵그르, 프랑스 파리 국립 고등 미술학교
고전주의 화가는 호메로스의 서사시나 그리스, 로마 신화의 내용을 즐겨 그렸다.

낭만주의자들이 저항하고자 했던 고전주의자들은
고대 그리스, 로마의 문화를 이상으로 삼고,
이를 한결같이 본받으려 하였다.

"문화 예술의 중심지는 그리스와 로마야."
"고대의 영웅은 그리스인들과 로마인들밖에 없어."
"호메로스 서사시의 규칙만큼 완벽한 건 없어."
"그리스어와 라틴어가 최고야. 품격 있잖아."
"고대의 예술만이 아름다워."
"그리스와 로마의 건축이 정답이야."

하지만
오시안의 노래들
덕분에
이제 낭만주의자들은
그런 고전주의자들에게
들이댈 수 있는
근거가
생긴 것이다.

〈핑갈의 팔에서 죽음을 맞는 말비나〉 지로데 트리오종, 바르지 박물관

"그리스, 로마가
문화의 중심이라고?
천만에!
너희들이 야만인이라고 무시해 왔던 북유럽에도
이렇게 근사한 영웅서사시가 있다고!"
"영웅서사시는 그리스어나 라틴어로만 쓰여야 진짜라고?
북유럽 켈트어(옛 영어)로도 이렇게 멋들어진 게 나올 수 있다고!"

독일의 낭만주의 철학자 헤르더(1744~1803년)는
오시안의 시를 누가 썼는가보다 더욱 중요한 것이 있다고 믿었다.
그는 음유시인 오시안을 두고 이렇게 말했다.

"오시안의 시는 오랫동안 유럽 변방 민족의 입에서
계속 불려 왔던 노래다."

"사람의 생각은 자기가 자라난 곳의 언어를 통해 이루어진다. (각자 언어가 다르기 때문에) 모든 시대, 모든 장소의 모든 인간에게 맞는 단 하나의 유일한 이상(理想)은 있을 수 없다."

〈요한 고트프리트 헤르더〉 작가 미상
헤르더는 질풍노도 운동의 이론적 지도자였다.

결국 세상에 언어가 다양한 만큼 문화도 다양하다는 뜻이다.
이처럼 오시안의 서사시는
'문화의 다양성'에 대한 생각을 불러일으켰다.

고전주의자들에게 그리스, 로마는
유일한 문화 수도이자, 단 하나의 마음의 고향이었다.
하지만 그리스, 로마만이 권위 있는 문화였던 시대는 끝났다.

이제 그리스어나 라틴어가 아니더라도 얼마든지 문화는 표현될 수 있다.
그리하여 변방이라고, 야만족이라고 줄곧 무시되어 왔던
각 지역, 각 나라, 각 민족의 문화의 가치가 더 중요해졌다.
오시안의 시로 인해 거대한 발상의 전환이 일어난 것이다.

"우리는 더 이상 그리스인이 아니다."
—독일의 낭만주의 화가 룽게

생각의 탄생

3장

영국과 독일에서의 낭만주의의 전개

07 "자연의 아름다움을 찬미하라"
08 "자연의 압도적인 힘을 표현하라"
09 "신데렐라는 어려서 부모님을 잃고요~"
10 "춤을 춰요, 슈베르트 씨"

낭 만 주 의   ROMANTICISM

"자연의 아름다움을 찬미하라"
워즈워스의 낭만시와 낭만주의 풍경화

아크라이트의 방적기
1775년 제작,
맨체스터 과학 기술 박물관
방적기는 실을 자아 내는 기계다.

18세기 후반, 영국에서 세계 최초로
증기기관으로 물건을 만들어 내기 시작했다.

기계가 일으킨 이 엄청난 변화를
산업혁명이라고 한다.

산업혁명과 도시화

증기기관을 사용해 가장 먼저 만든 물건은 면직물이었다.
면직물은 물로 세탁할 수 있고, 염색하기도 좋아
영국인들이 애용하던 옷감이었다.

사람이 물레로 실을 잣고 천을 짜던 것을
이제 기계가 대량으로 해치우기 시작하면서,
10여 년 사이에 영국의 면제품 생산량은 10배나 늘었다.

〈19세기 초 공장에서 방직기계로 옷감을 만들고 있는 모습〉 작가 미상, 19세기 그림

기계들로 채워진 커다란 공장이 곳곳에 들어섰고,
그리하여 작은 마을들이 순식간에 큰 도시가 되었다.
그리고 농촌에서 일자리를 찾아 사람들이 몰려들었다.
가령 영국 북부의 셰필드 같은 도시는
19세기 초에 인구가 다섯 배나 늘었다.

〈면직물 도시〉 윌리엄 와일드 E. 구달의 판화 작품을 본뜬 채색화
면직물 공업도시(cottonopolis)라는 별명을 얻은 맨체스터는
19세기에 세계의 면직물 대다수를 생산하는 중심지였다.

또 1759년에서 1801년까지 40여 년 사이에
영국의 농업 인구는 48%에서 37%로, 무려 11%나 감소했다.
그리하여 이제 공업 인구, 즉 도시 인구수가
농업 인구, 즉 농촌 인구수를 앞지르게 되었다.
이처럼 영국은 최초의 공업 국가였고, '세계의 공장'이었다.

그러나 그 시대의 도시 풍경은
공장의 높은 굴뚝에서 솟아 나오는 매연으로
거리는 매캐한 연기가 자욱했고,
또 염색 공장에서 나오는 폐수로 강은 악취를 풍겼다.

공장 노동자의 삶은 고단했고 또 한결같았다.
사람들은 모두 같은 시간에 오갔고,
같은 길을 따라 같은 일터로 가서 같은 일을 했다.

낭만주의자들, 도시를 혐오하다

1797년 영국 서부에 있는 작은 시골 마을.
이곳으로 몇 명의 도시 젊은이들이 이사를 왔다.

그들은 시간 날 때마다 풀밭에 누워 있거나
밤낮으로 시골의 언덕과 개울과 강을 쏘다니거나
또 도보로 시골 길을 여행하곤 하였다.

〈비벤호 공원〉
존 컨스터블, 워싱턴 국립 미술관

그들의 행색이 시골 사람들과는 사뭇 달랐고
또 그들의 행동이 하도 이상하여,
시골 주민들이 그들을 프랑스의 첩자로 오인해 신고하기도 했다.
또 정부에서는 이들을 조사하기 위해
수사관을 파견하는 웃지 못할 해프닝까지 벌어지기도 했다.

그 수상쩍은 무리들 가운데에
바로 영국의 낭만주의 시인
워즈워스(1770~1850년)가 있었다.
그는 자연 속에서 영감을 얻기 위해
숨 막히는 도시를 탈출한 것이다.

이들은 시끄러운 기계 소음과
검댕이 가득한 공기로 둘러싸인,
그리고 '어제와 오늘, 내일이 늘 똑같은'
도시 생활을 끔찍해했다.

영국의 낭만주의 시인이자 화가였던
윌리엄 블레이크는 도시의 공장을
'사탄의 검은 공장들'이라 말하기도 하였다.

〈28살의 워즈워스〉 윌리엄 슈터
워즈워스의 이름을 풀어 보면 '말(words)의
가치(worth)' 또는 '가치 있는 말'이란 뜻이다.

〈연인들의 회오리바람〉 윌리엄 블레이크, 버밍엄 미술관
단테의 〈신곡〉 지옥편을 상징하는 그림으로, 화가에게는
도시의 공장을 의미한다.

그리하여 이 시기에
시골을 걸어서
여행하는 것은
매우 인기 있는
취미 생활이었고,
자연 속을 정처 없이 헤매는
방랑자가 되는 것이
낭만주의자들의 꿈이었다.

워즈워스의 시에 담긴 생각

여기서, 워즈워스의 시 한 편을 감상해 보자.

〈무지개〉 윌리엄 터너

하늘의 무지개를 바라볼 때마다 내 가슴 뛰노니
내 삶이 시작했을 때 그러했고
어른이 된 지금도 그러하며
늙어서도 그러하리라.
그렇지 않다면 차라리 날 죽게 하소서!

   - 워즈워스, 〈내 가슴이 뛴다〉(일명 '무지개')

그는 소박한 자연을 바라보며 자신의 벅찬 감동을 표현하고 싶었다.
무지개를 보고 더 이상 가슴이 뛰지 않는다면
차라리 죽는 게 낫다고 말할 정도로, 그는 자연을 사랑한 것이다.

〈콜리지의 초상〉 페테르 반 다이크,
런던 국립 초상화 미술관

워즈워스는 콜리지와 함께 지은
〈서정 민요집〉(1798년)을 통해
전원에서의 생활과
아름다운 시골 풍경,
그리고 무엇보다
자연과의 교감을 노래한다.

더 나아가 그는 이렇게 말한다.

"시골 사람들의 감정 표현만이 진실된 것이며,
그들이 사용하는 소박하고 친근한 언어야말로
시에 알맞은 언어이다."

즉 워즈워스는
단순히 내용상으로만
자연을 노래한 것이 아니라,

시에서 사용되는 언어조차도
자연과 가장 가까이 사는
사람들의
소탈하고 솔직한 언어를
사용해야 한다고
생각한 것이다.

〈헬벨린의 워즈워스〉
벤저민 로버트 헤이든, 런던 국립 초상화 미술관

"그러므로 나는 언제나
초원과 숲과 산을 사랑해 왔다. 그리고
이 푸른 대지로부터 우리가 바라보는 모든 것들,
눈과 귀로 느낄 수 있는 모든 웅장한 세계를 사랑한다.

그리고 자연은
그녀를 사랑하는 가슴을 가진 이를
저버린 적이 없음을 알기에 이렇게 기도한다.
우리네 인생의 모든 세월 내내
기쁨에서 기쁨으로 이끄는 일은
그녀의 특권일지니.
자연이 우리의 마음을
활기로 가득 채우고,
고요와 아름다움으로
감동을 주며,
고귀한 생각들로 키워 주니,
사악한 말들도, 성급한 판단도,
이기적인 사람들의 비웃음도,
친절함이 묻어나지 않는 인사도,
일상생활의 모든 따분한 사귐도,
결코 우리를 굴복시키지 못하리라."

　　－워즈워스, 〈틴턴 수도원 위쪽 몇 마일
　　　거리에서 쓴 시〉의 4연과 5연

〈틴턴 수도원〉 윌리엄 터너, 런던 테이트 갤러리

〈데덤 수문과 제분소〉 존 컨스터블, 런던 빅토리아 & 알버트 미술관

풍경화의 유행

자연 친화적인 낭만시의 유행은
19세기 초 풍경화의 유행으로 이어졌다.
이전까지 자연 풍경은 그림의 뒷배경으로만 존재했으며,
별도로 풍경화를 그리는 건 삼류 화가들이나 하는 짓이었다.

하지만 이제 화가들은 물감으로 자연을 노래하기 시작했다.
낭만주의 시대에 들어 풍경화는 독자적인 장르로 자리 잡았다.

화가 존 발리는 제자들을 들판으로 내몰며 말했다.
"모든 것을 자연에서 찾아라."

또 낭만주의 풍경화가 존 컨스터블은 말했다.
"고향 마을의 경치들이 나를 화가로 만들었다."

낭만주의자들의 자연 찬미에 담긴 생각

낭만주의 시대에
시인은 시골 생활을 꿈꾸었고, 화가는 목가적인 풍경을 그렸다.

자연에 대한 사랑은 산업화된 도시의 발달과 짝을 이루었다.
도시가 커질수록 자연에 대한 사랑은 깊어만 간다.
그리고 도시의 지루하고 따분한 삶은
자연이 주는 기쁨을 결코 파괴하지 못한다.

이처럼 낭만주의자들에게 자연이란,
숨 막히는 도시 생활을 이겨 낼 마음의 안식처였다.

그리고 그 근저에는
산업화에 의해 아름다운 자연이 파괴되고 있다는 두려움,
그리고 야만적인 도시가
인간 본연의 활력과 생명력을 갉아먹고 있다는
문명 비판적인 생각이 담겨 있었다.
도시의 발달이 자연의 소중함을 일깨운, 역사의 아이러니다.

"황량하고 비참한 공장 도시가 없었다면,
도시와 시골이 분리되지 않았다면,
자연에 대한 '낭만적' 열정은 생겨날 수 없었다."
―아르놀트 하우저, 〈문학과 예술의 사회사〉

〈19세기 영국의 공업도시 리즈의 모습〉 작가 미상
리즈는 주변의 풍부한 석탄과 철광석을 바탕으로,
19세기에 모직공업이 크게 발달하였다.

낭 만 주 의   ROMANTICISM

"자연의 압도적인 힘을 표현하라"
터너와 프리드리히의 풍경화

〈칼레 부두〉 윌리엄 터너, 런던 국립 미술관

눈보라가 휘몰아치는 바다 위에
몇 척의 배들이 위태롭게 떠 있다.
그런데 한 사나이가 어떤 배의 갑판 위에서
눈폭풍과 바닷물을 맞으며 4시간이나 머물러 있었다.
그는 누구이며, 또 대체 그 이유는 무엇이었을까?

윌리엄 터너 이야기

그는 영국의 낭만주의 풍경화가 윌리엄 터너(1775~1851년)였다.
터너는 바다의 두려운 폭풍우를 두 눈으로 보고 싶었던 것이다.

그렇게 생고생을 해서 나온 그림을 보자.

〈눈보라 속의 증기선〉 윌리엄 터너, 런던 테이트 갤러리

이게 정녕 풍경화란 말인가?
시커먼 배의 형체와 돛대에 나부끼는 깃발만을
간신히 식별할 수 있을 뿐,
모든 것이 빛과 어둠의 소용돌이 속으로 빨려 들어가고 있다.
하지만 분명한 것 하나는,
휘몰아치는 폭풍이 온몸으로 생생히 느껴진다는 것!

〈자화상〉 윌리엄 터너, 런던 테이트 갤러리

아니나 다를까,
터너의 그림 〈눈보라 속의 증기선〉은
'비누 거품과 회반죽 덩어리'라며
사람들의 비웃음을 샀다.

그러나 터너는 기죽지 않고 말했다.
"당신들이 진정 바다가 어떻게 생겼는지 안단 말인가?"

빛과 어둠이 뒤섞인 거친 바다 한복판에서
형체조차 알아보기 힘든 증기선.
그것이 터너가 겨우 볼 수 있었던 자연의 생생한 모습이었다.

터너의 한 친구는
또 다른 사건을 회상한다.

"우리가 버 섬에 갔을 때,
날씨는 궂었고 바다에는
강풍이 불고 있었다.
터너는 배 뒤에 앉아
바다를 뚫어져라 바라보았다.
그는 바다의 폭풍에서
이전에는 보지 못한
무언가를 본 것 같았다."

터너 vs. 컨스터블

터너 역시 자연을 주제로 삼은 낭만주의 풍경화가이다.
그런데 그는 왜 대체 이런 식으로 그림을 그린 것일까?

여기서, 터너와 더불어 19세기 영국의 대표적인 낭만주의 풍경화가인
존 컨스터블(1776~1837년)의 그림을 보자.

컨스터블의 그림에는, 누구나 그 속으로 들어가 살고 싶어질 만큼
아름답고 평온한 자연 풍경이 담겨 있다.
그리고 그림 속 사물의 형체도 매우 또렷하고 사실적이다.
그는 이처럼 정적이고 목가적인 스타일로 전원생활을 찬미했다.

〈낚시하는 소년들의 풍경〉 존 컨스터블, 영국 내셔널 트러스트, 페어헤이븐 컬렉션

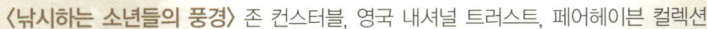

〈노섬벌랜드 해안의 조난자들〉 윌리엄 터너, 예일대학교 브리티쉬 아트 센터

반면 터너의 그림 속 자연은
어딘지 무시무시하고 압도적인 자연의 모습이다.
게다가, 형체도 흐릿하고 불분명하다.

터너는 빛과 어둠의 소용돌이를 통해,
인간이 대적할 수 없는 거대한 미지의 자연을 표현하였다.

그에게 자연은, 도시 생활에 찌든 인간이 탈출해서 편히 쉴 수 있는
아름답고 평화로운 피신처가 아니다.
그가 본 자연은 역동적으로 꿈틀거리는
거대하고 엄청난 존재다.

독일 낭만주의 화가 프리드리히

〈빙해〉 카스파 다비드 프리드리히, 함부르크 쿤스트할레 박물관

자연이 가진 엄청난 힘 앞에서
왠지 숨이 턱턱 막히고 가슴이 철렁 내려앉는 느낌의 그림이다.

화가 프리드리히(1774~1840년)는 이 그림에서,
거대한 빙판이 깨져 삐쭉삐쭉 솟은 저 너머에
침몰하는 배를 작게 그려 넣었다.

화가는 이와 같은 방식으로,
자연 앞에서 한없이 작기만 한 인간의 존재를 표현한 것이다.

독일의 낭만주의 화가 프리드리히는
일생 동안 자연을 그렸지만,
그 역시 터너와 마찬가지로
자연의 아름다움을 마냥 기뻐하거나 찬양하지만은 않았다.

〈바닷가의 수도사〉 카스파 다비드 프리드리히, 베를린 구(舊) 국립 미술관

위 그림을 보면,
대자연 앞에 선 수도사는 작은 점처럼 그려져 있다.
이처럼 인간과 자연의 대비를 통해 그는
자연이라는 거대한 미지의 세계와
그 속에 담긴 신비를 표현하고 싶었던 것이다.
수도사가 신을 숭배하듯, 붓으로 자연을 숭배한 프리드리히.
그래서 그는 '화필을 든 신비주의자'라고 불렸다.

터너와 프리드리히의 작품에 담긴 생각

예측할 수 없는 자연이란, 시인 워즈워스의 말처럼
'사람을 숨죽이게 만드는 엄청난 위력'을 갖고 있다.

터너와 프리드리히는 이러한 자연의 특성을 눈여겨보았다.
자연이 가진 장엄함과 숭고함, 경이로움과 신비…….

이는 컨스터블의 자연 친화적인 풍경화와는 다른 노선이었다.
컨스터블에게 자연은 아름답고 평화로운 공간,
그리움과 동경의 대상이었다.
그래서 컨스터블은 자연을 서정적이고 목가적으로 표현한 것이다.

그러나 터너와 프리드리히에게 자연은 두렵고 위대한 존재였다.
그래서 그들은 자연에게 큰 경외감을 가졌다.

낭만주의자들은 '삶을 휩쓸어 버릴 정도로 강렬한 감정',
즉 '최고조에 이르러 폭발할 것만 같은 감정'을 매우 중요시했다.

터너와 프리드리히가 이런 식으로 풍경화를 그린 것은,
자연 속에서 절정으로 치닫는 감정을 느끼려고 했기 때문이다.

결국 그들은 풍경화라는 양식을 빌려,
절정 상태에 있는 자신의 영혼과 감정을 화폭에 옮겨 놓은 것이다.

낭 만 주 의   ROMANTICISM

"신데렐라는 어려서 부모님을 잃고요~"
그림 형제의 동화에 담긴 생각

⟨신데렐라⟩
오프테르딩거,
19세기 ⟨나의 첫 번째 동화책⟩ 삽화

우리가 익히 아는 동화 ⟨신데렐라⟩의 한 장면이다.
왕자는 신데렐라가 흘리고 간 황금 구두의 주인을 수소문 중이다.
황금 구두가 신데렐라의 의붓언니의 발에 너무 작아 들어가지 않자
그녀의 엄마가 하는 말.

"엄지발가락을 잘라 버려. 왕비가 되면 걸어 다닐 일도 없을 테니."

우리가 아는 신데렐라 이야기와는 달리,
어쩐지 좀 으스스하다.

이 이야기는 1812년에 나온 한 책에 실린 내용이다.
오늘날 〈그림 동화〉로 잘 알려져 있는 이 동화집의 원제목은
〈어린이와 가정을 위한 옛날이야기〉다.

어린 시절 누구나 한 번쯤 읽어 보았을 이 친숙한 이야기들이
모두 이 한 권의 책에 들어 있다.
그런데 이 이야기들은 사실 그림 형제가 지은 것이 아니다.

그림 형제의 〈그림 동화〉

〈여인의 이야기를 듣고 있는 그림 형제〉 루이스 카첸슈타인

위 그림 속의 할머니는, 가난한 재봉사의 미망인 도로테아 비어만.
그녀는 평소 여섯 명의 손자들에게 옛이야기들을 들려주던
동화 할머니다.

오늘 그녀는 손자들에게 둘러싸인 채,
자신을 찾아온 청년들에게 백설공주 이야기를 들려준다.
이 청년들이 바로 야콥 그림과 빌헬름 그림, 즉 그림 형제다.

그녀에게 이야기를 들은 그림 형제는 이렇게 감탄했다.
"그녀는 옛이야기들을 가슴속에 생생하게 간직하고 있었다."

그림 형제는 비어만 할머니뿐 아니라 장에서 채소를 팔던 여인에게서,
이웃에 살던 약사의 딸들에게서, 떠돌이 늙은 군인에게서,
옛이야기를 전해 듣는다.

그리고 일반 민중들의 입에서 입으로 전해 오던 이 이야기들을
간결한 독일어로 정리하였다.
그들은 이야기들의 내용을 크게 손보지 않고,
가급적 그대로 출판하는 것을 원칙으로 하였다.
이야기의 교훈을 전하기보다는,
이야기의 가장 생생한 모습을 전해야 한다고 믿었기 때문이다.

이처럼 〈그림 동화〉는 그림 형제의 창작물이 아니라,
10여 년에 걸쳐 전국 방방곡곡을 다니며
그들이 '전해 들은' 이야기들의 모음집이다.
그런데 그림 형제는 왜 이런 이야기들을 모으러
옛이야기 여행을 다녔던 걸까?

동화는 상상력의 보물 창고

동화, 민요, 민담, 신화, 전설…….
이것들은 가난한 민중들 사이에서
입에서 입으로 전해 내려온 이야기들이다.

이 이야기들은 시간과 공간에 매이지 않고 자유롭게 지어낸,
환상적이고도 신비로운 내용들을 담고 있다.

〈신데렐라〉 알렉산더 직
프랑스판 〈신데렐라〉에서는 요정이 나타나 그녀를 도우나,
독일판에서는 신비한 힘을 가진 새들이 그녀를 돕는다.

〈신데렐라〉에서
잘 드러나듯,
이야기 속 주인공들은
어려움에 처했다가
마술적이고
초자연적인
힘의 도움으로
고난을 극복하곤 한다.

그러나
당시를 지배하던
계몽주의적 생각은
무엇이 옳고 그른지
이성적으로만
따지는 경향이 있었다.

그런 계몽주의자들에게 동화와 같은 환상적인 이야기들은
무지몽매하고 비천한 사람들이 믿는 미신이요,
'비이성적이고 비합리적인' 낡은 시대의 찌꺼기였다.

〈백설공주〉 마리안느 스토크스, 발라프 리하르츠 박물관
난쟁이들이 독사과를 먹고 죽은 백설공주를 지켜보고 있다.

그러나 낭만주의자들은
내면의 자유로운 생각을 중시하였고,
따라서 그들은 상상력, 꿈, 환상과 같은 주제를 좋아했다.

이성주의자들에게 대항하려는 낭만주의자들에게,
비합리적인 내용으로 가득 찬 동화는 상상력의 보물 창고였다.

"지금은 이성의 시대이지 상상력의 시대는 아닙니다.
동화적인 꿈은 헛되고 경망스러운 것으로 여겨지고 있습니다.
하지만 공상적인 이야기를 무시하는 태도에 반대해야 합니다."
　　　　　　　　　　　　　　　　－〈그림 동화〉의 영국판 서문

동화는 민족주의의 산물

그러나 그림 형제가 동화를 수집하고 다닌 건
단순히 상상력을 강조하기 위해서만은 아니었다.

1806년,
프랑스 황제 나폴레옹은
'자유와 평등'이란
프랑스대혁명의 정신을
유럽 각국에 전파한다는
명목으로
독일을 점령하였다.

이러한 역사적 상황은
독일인들이
자신의 문화에 대한
관심을 드높이는 계기가 되었다.
그림 형제가 자기 민족의
옛이야기를 모으기 시작한 것도 바로 이 무렵부터였다.

〈아우스터리츠 전투 후에 나폴레옹을 찾아가 만나는 신성 로마 제국 황제 프란츠 2세〉 앙투안 장 그로, 베르사유 궁 국립 박물관
이 전투에서 패배한 프란츠 2세는 신성 로마 제국 황제 자리를 포기하고, 오스트리아 황제 자리만을 지켰다. 그 결과 신성 로마 제국은 사라지고, 독일 지역은 나폴레옹의 보호를 받는 독일 연방(라인동맹)으로 떨어져 나갔다.

그림 형제는 동화집의 서문에 이렇게 적고 있다.
"오래된 것들을 모으고 보존해야 할 최고의 시간이 되었다.
…… 이 민중의 이야기들은 잃어버린 줄로만 알았던 순수한 독일 신화를
곳곳에 간직하고 있다. …… 옛이야기는 모든 독일인의 것이다."

〈그림 동화〉는 독일인들 사이에서 삽시간에 유명해져서,
루터의 독일어 성경 다음으로 많이 인쇄되었다.

이처럼 독일인들이 한낱 동화집에 지대한 관심을 보인 것은
바로 그 이야기 속에 독일의 민족정신과 민족문화가
보존되어 있다고 믿었기 때문이다.

결국 그림 형제가 10여 년의 세월 동안 동화 여행을 통해
자신들의 '과거'를 찾으려 한 건 두 가지 생각 때문이었다.

그것은
한편으로는 이성의 시대에 맞서는 상상력의 원천을
환상적인 옛이야기에서 찾으려는 낭만주의적 정신 때문이었고,
다른 한편으로는 나폴레옹의 지배로 무기력해진 독일인에게
민족의 정체성과 자긍심을 드높이기 위한
민족주의적 열정 때문이었다.

낭 만 주 의   10   ROMANTICISM

"춤을 춰요, 슈베르트 씨"
낭만파 음악이 빚어낸 생각

아래의 그림은, 19세기 초 최고의 바리톤 가수
요한 미카엘 포글(1768~1840년)이
어느 젊은 작곡가의 연주에 맞춰 노래하는 장면이다.

〈슈파운의 집에서 음악회를 여는 슈베르트와 포글〉
작가 미상

당시는 포글에게
자신의 곡을 주는 것만으로도
작곡가에게는 영광이었던 시절.
그런데 이 작곡가는
겨우 스무 살의 애송이였다.
이 작곡가는 누구일까?
그의 이름은
프란츠 슈베르트(1797~1828년).

그는 낭만주의 음악가로,
후일 '가곡의 왕'이라
사람들에게 불리게 된다.

112

〈슈파운의 집에서 가진 슈베르티아데〉 모리츠 폰 슈빈트
슈베르티아데는 '슈베르트의 밤'이란 뜻으로, 슈베르트와 그의 친구들이 음악을 즐기기 위해 연 작은 음악회를 말한다.

1821년의 어느 저녁,
슈베르트의 오랜 벗인 슈파운의 집으로
사람들이 삼삼오오 모여들었다.
사람들은 시인, 화가, 음악가, 법률가 등 직업도 다르고
또 나이도 달랐지만, 거의 매일 저녁 한데 모이곤 하였다.

모임의 목적은
슈베르트의 음악을 즐기며 노래하고 춤추기 위해서였다.
그들만의 작은 음악회, 작은 독서회, 작은 파티였다.

슈베르트가 죽을 때까지 10여 년 동안 지속되었던 음악의 밤.
슈베르트의 친구들은 이 모임을 '슈베르트의 밤'이라 불렀다.
그런데 이는 역사적으로 매우 낯설고 새로운 풍경이었다!

⟨1745년 베르사유 궁에서 열린 가면무도회⟩ 샤를르 니콜라 코생, 루브르 박물관

낭만주의 이전의 음악

낭만주의 이전까지 연주와 노래와 춤이란,
궁정과 귀족의 저택, 교회 안에서만
누릴 수 있었던 사치와 향락이었다.

왕실과 귀족들만이 음악가를 후원했으며,
음악가들은 그들로부터 봉급을 받으며
생계를 유지했다.

이런 상황은 우리가 익히 아는
유명 고전파 음악가들,
즉 바흐, 헨델, 모차르트, 하이든
모두 다 마찬가지였다.

⟨모차르트와 가족들⟩ 루이 카로기 카르몽텔, 파리 카르나발레 박물관
모차르트의 아버지 레오폴드는 오스트리아 잘츠부르크의 궁정 음악가였고, 모차르트 역시 17살 때부터 궁정 음악가로 일하였다.

심지어 고전파의 막내이자 낭만주의의 큰형 격인
베토벤조차도 귀족들의 후원으로 살아가기는 마찬가지였다.

"귀족의 대저택에서 베토벤은 마치 닭장 안의 암탉과 같았다.
귀족의 사설 4중주단은 베토벤이 갓 작곡한 모든 것을,
따끈따끈할 때 둥지에서 꺼내어 프라이팬에 올려놓았다."
- 베토벤의 후원자였던 라주모프스키 백작의 한 친구

당시 귀족들이 단순히 음악을 감상만 한 것은 아니다.
오스트리아 황후 마리아 테레지아는 초청객들 앞에서
우아하게 노래를 부르기도 하고,
독일의 황제 프리드리히 2세는 플루트를 직접 연주하기도 했다.

이처럼, 낭만파 이전의 음악은
오로지 왕과 귀족들에게만 봉사하기 위한 것이었다.

낭만주의 그리고 새로운 음악 소비층의 탄생

그러나 19세기 낭만파 음악이 탄생하면서
음악은 보다 대중화되었다.

가령 1814~1815년에는 대중들 사이에서 왈츠 열풍이 불었다.
밤이면 밤마다 무도회가 열렸다.
저녁 8시부터 새벽 2시까지
집 안에서도, 집 밖에서도, 대학에서도, 식당에서도…….
심지어 하룻밤에 1,600곳에서 무도회가 열린 적도 있었다.

〈오스트리아 빈의 왈츠 무도회〉 작가 미상
왈츠는 4분의 3박자의 경쾌한 춤곡으로, 남녀 한 쌍이 이 음악에 맞춰 원을 그리며 춤을 춘다.

또 음악과 시가 흐르는 '작은' 모임들이 성행했다.
절친한 친구들끼리 함께 하는 실내악 연주회가 자주 있었고,
대중적인 음악당에서 열리는 소규모 콘서트도 많아졌다.

이처럼 음악은 평범한 사람들의 가정과 학교로,
극장과 식당과 공원으로 물결처럼 퍼져 나갔다.
이런 광경들은 분명 19세기에 들어서면서부터
눈에 띄기 시작한 새로운 모습이었다.

그리고 그 뒤에는 '새로운' 후원자들이 있었다.

이 새로운 후원자들은
산업혁명 덕분에
부자가 된
중산층들이었다.

경제적 부와 함께
정치적 영향력까지 얻은
그들은 새로운 욕망을
갖기 시작했다.
"우리도 귀족들처럼
문화를 소비하고 싶다."

〈베를린의 한 거실〉 아쿠아렐 폰 C. F. 침머만
거실 곳곳에 석고 조각상들이 장식되어 있고, 또 한쪽에는 피아노가 보인다. 19세기 중산층들의 모습이 잘 나타난 그림이다.

그리고 음악가들 역시 새로운 기대를 품게 되었다.
"이제 귀족이나 교회에 의지하지 않아도 돼.
누구나 음악을 즐길 수 있도록
대중들을 위한 음악을 만들어야 해."

새로운 음악 양식의 탄생과 발전

대중들이 폭넓게 음악을 즐기기 시작하면서
대중의 욕구에 잘 맞는 새로운 음악 양식이 탄생하였다.
대표적인 것이 바로 '가곡'이다.
가곡은 극히 개인적인 감정을 노래한
낭만적인 서정시에 선율을 붙인 것이다.

가령 '가곡의 왕' 슈베르트는
뮐러의 서정시 〈겨울 나그네〉에 곡을 붙여 총 24곡의 가곡을 만들었다.
이는 실연을 당해 살 희망을 잃은 한 청년이
눈보라 치는 겨울 들판을 정처 없이 방랑하는 이야기다.

"눈물은 끝없이 눈 위에 떨어지고,
차디찬 눈덩이는 타는 듯한 내 슬픔을 빨아 먹네.
내 눈물을 쫓아가면 이윽고 시내에 가 닿으리라.
시냇물을 따라 활기찬 거리 곳곳을 헤매다 보면,
내 눈물이 뜨거워지는 곳이 있으리.
거기가 바로 사랑하는 그녀의 집이라네."
- 〈겨울 나그네〉 제6곡
  '넘쳐흐르는 눈물' 중에서

〈19세기 초 오페라 하우스의 모습〉 작가 미상
오페라 하우스는 오페라 상연을 위한 극장으로,
무대가 넓고 무대 앞쪽에는 관현악단석이 있으며 객석은 매우 호화롭다.

대중들은 가곡과 같이
'이야기'가 있는 음악들을 특히 좋아하였다.

이야기가 있는 또 하나의 대표적인 장르는 바로 '오페라'였다.

가령, 최초의 독일 낭만주의 오페라인 베버의 〈마탄의 사수〉를 보자.
산림 보호관의 딸 아가테를 사랑하는 사냥꾼 막스는
사격 대회에서 우승해야만 그녀와 결혼을 할 수 있다.
이에 그는 악마에게 영혼을 팔고 마법의 총탄을 손에 넣는다…….

이처럼 오페라는 초자연주의적인 신비나
낭만적이고 비극적인 이야기들을 음악과 결합시켜
19세기 대중들의 뜨거운 사랑을 받았다.

난 31살에 죽었지만, 내가 쓴 가곡만 해도 무려 663곡이나 돼! 그래서 '가곡의 왕'이라고 불리지.

프란츠 슈베르트

'가곡'하면 나도 빠질 수 없지. 난 하이네의 시에 곡을 붙인 가곡집 〈시인의 사랑〉이 유명해.

로베르트 슈만

내가 처음 쓴 곡은 요정들이 나오는 환상적인 이야기 〈한여름 밤의 꿈〉이야. 플루트와 바이올린으로 요정들의 가벼운 몸놀림을 표현했지.

야코프 멘델스존

내가 쓴 왈츠 중 가장 유명한 건 〈강아지 왈츠〉야. 왈츠는 춤추기엔 안성맞춤이지. 다들 한 번쯤 들어 봤을걸!

프레데리크 쇼팽

난 무려 33편의 오페라를 썼지. 대표작은 〈리골레토〉와 〈아이다〉야.

주세페 베르디

〈피아노 앞의 슈베르트〉 구스타프 클림트

이처럼, 19세기 초부터 나타난 낭만주의 음악으로 인해
'매일매일 즐기는 음악'이 탄생하였다.
이제 사람들은 삶의 곳곳에서,
즉 연주회뿐 아니라 합창 모임과 문학 모임,
가족 모임과 소풍과 무도회 등
평범한 일상의 장소에서 음악을 소비하게 되었다.

또 작곡가들은 귀족의 손아귀에서 벗어나
경제적으로 독립해 나가기 시작했다.

누구나 음악을 즐길 수 있다는 '음악의 대중화'.
이것이, 낭만주의 음악이 사람들 사이에 불러일으킨 생각이다.

한 걸음 더! 읽고 싶은 사람만 읽기!

19세기의 낭만주의 음악

음악에서의 낭만주의 슈베르트가 활동했던 19세기 초엽부터 음악 분야에서도 낭만주의적인 모습이 두드러지게 나타나기 시작했어. 음악에서 낭만주의 시대가 언제부터 언제까지라고 딱 잘라 말하기는 어려워. 낭만주의 음악가라고 할 수 있는 사람들이 활동하던 시기를 보면, 1810년대부터 1910년대까지 다양하지. 1850년대 이후 문학과 미술 분야에서는 낭만주의가 쇠퇴하지만, 음악 분야에서는 20세기에 들어서는 문턱까지 그 흐름이 지속돼.

낭만주의 음악의 가장 큰 특징은 '형식의 변화'야. 감정을 자유롭게 표현하는 것이 중요시되었기 때문에, 음악가들이 점점 더 형식에 얽매이지 않게 된 거지. 그래서 작품의 길이나 악장 수, 악기나 가수의 수에 제한이 없어졌어. 몇몇 작곡가들은 전통적으로 3~4악장으로 이루어졌던 소나타의 형식에 변화를 주기 시작했는데, 대표적인 작품이 리스트의 〈B단조 소나타〉야. 이 소나타는 주제가 통합된 3개의 악장을 쉼 없이 연주하도록 만들어졌지.

또 낭만주의 시대에는 독일 가곡 같은 새로운 음악 형식이 등장하기도 했어. 그리고 교향곡이나 오페라처럼 기존에 있던 음악들은 규모가 커지고 훨씬 화려해졌지. 가장 눈부신 성장은 '극음악' 분야에서 일어났어. 그래서 낭만주의 음악의 최고봉은 화려한 오페라라고 평가하는 사람들이 많아. 그만큼 그 시절에 인기가 많았어. 낭만주의 오페라는 이전 시대보다 길이가 훨씬 길어졌을 뿐 아니라 더 많은 연주자와 미술가, 기술자, 무대 연출가들을 필요로 했지.

한편 낭만주의 시대에 음악이 다채롭게 발전할 수 있었던 데에는 첨단 기술도 한몫 단단히 했어. 18세기 후반부터 시작된 산업혁명으로 금속 가공 기술이 크게 발달하게 되었고, 이러한 기술의 진보가 악기의 발달에도 영향을 미친 거지. 오늘날 오케스트라에서 쓰이는 악기들의 면모를 제대로 갖추게 된 게 바로 이 시대야.

> **국민음악의 등장** 낭만주의자들은 일반 서민들의 문화나 각 민족의 문화에 관심이 많다고 했지? 작곡가들 중에서도 그런 관심을 표현하는 사람들이 생겨났어. 그 결과 '국민음악'이라고 부르는 새로운 장르가 탄생하게 돼. 이는 일반 서민들의 민요와 민속 무용에서 선율과 리듬, 분위기를 살려 만든 음악들을 말해. 국민음악을 통해 다양한 나라의 민속 음악과 춤이 알려지기 시작했지.

낭만주의 음악가 리스트를 예로 들어 볼까? 그는 유럽 전역을 누비고 다니며 여러 나라의 향토 음악을 수집해서 자신의 곡을 만드는 데 응용했어. 헝가리 전통 음악을 부활시킨 사람도, 또 그때까지 거의 알려지지 않았던 집시 음악을 소개한 사람도 리스트였지. 어떤 음악 비평가는 리스트가 만든 연주곡들의 제목을 늘어놓고 보면, 마치 유럽의 지명(地名) 사전을 읽고 있는 것 같은 착각이 든다고 말했을 정도야.

낭만주의 시대에 국민음악이 주목받을 수 있었던 건 '형식의 변화'를 두려워하지 않는 정신 때문이었을 거야. 국민음악의 전통은 현재까지 이어져서, 많은 작곡가들이 제 나라의 민속 음악을 이용해 작곡을 하고 있어. 우리나라에서도 서양 음악과 국악을 접목시키려는 시도를 심심찮게 볼 수 있어. 아리랑의 선율을, 서양 악기를 위한 연주곡으로 만든다든지 하는 식으로 말이야.

생 각 의 탄 생

프랑스에서의 낭만주의의 전개

11 "신화와 이국적 판타지에 빠져들다"
12 "추악함과 기괴함조차 아름답다"

낭 만 주 의   11   ROMANTICISM

"신화와 이국적 판타지에 빠져들다"
화가 들라크루아의 작품 소재에 담긴 생각

〈외젠 들라크루아〉 펠릭스 나다르의 사진

프랑스의 화가, 들라크루아(1798~1863년).

과감한 표현을 통해 '빛과 색의 화가'로 불리었던
그는 40여 년 동안 매일 꼬박 12~15시간을
그림에만 매달렸던 치열한 낭만주의 화가였다.

다음은 그가 남긴 말이다.
"낭만주의가
예술 학교에서 따라야 하는 공식에 대한 거부감을 표현하는 말이라면,
나는 15살 때부터 낭만주의자였고 지금도 낭만주의자다."

그가 말한 '예술 학교의 공식'에는 '그림의 소재'까지도 응당 포함된다.
그의 작품 〈메데아〉를 보자.
메데아는 그리스 신화에
등장하는 인물이다.
그녀는 위험을 무릅쓰고
영웅 이아손이
황금 양털을 훔치는 걸 돕지만,
그와 결혼한 뒤
이아손이 자신을 배신하자
복수의 화신으로 돌변한다.

먼저 메데아는 이아손이
사랑한 새 여자를 죽인다.
그리고 복수의 완성을 위해
그와의 사이에서 낳은
아이까지 죽이려 한다.

〈메데아〉 외젠 들라크루아, 루브르 박물관

들라크루아는 왜 이런 잔인하고 괴이하기 그지없는 이야기를 소재로
그림을 그린 것일까?

들라크루아, 신화에 매료되다

⟨**소크라테스의 죽음**⟩ 자크 루이 다비드, 뉴욕 메트로폴리탄 박물관

위 그림은 들라크루아가 말한,
'예술 학교의 공식'을 소재의 측면에서 잘 보여 주고 있다.

악의적인 모함을 당해 사약을 받게 된 소크라테스.
주변의 지인들이 보이는 비통한 모습과는 달리,
소크라테스는 죽음 앞에서 움츠러들기는커녕
여전히 당당하고 늠름한 태도다.
진리를 위해 의연하게 죽는 자의 그 얼마나 고귀한 자태인가?

이처럼 들라크루아 이전의 예술가들은
고귀한 덕과 이상적인 가치를 찬미하는 소재를 골랐다.

그러나 들라크루아는 달랐다.
들라크루아가 '악녀 메데아'라는 소재에 푹 빠진 건,
그녀의 이야기가 '사랑에 살고 사랑에 죽는'
낭만적 사랑의 핵심을 보여 주고 있기 때문이었다.
거기다 배신과 복수의 드라마까지 있으니 더더욱 금상첨화였다.

사랑과 미움만큼 인간이 가진
원초적 모습을 적나라하게 드러내는 것이 또 있을까?

이처럼 낭만주의자
들라크루아가
가장 중요하게 생각한 것은
감정이 생생하게 요동치는
소재였다.

그래서 그는
여러 민족들의 신화 속에서
그러한 소재들만을 골랐다.

그렇게 그는 당시
화가들에게 강요되었던
규범을 거부하며
새로운 길을 개척했다.

〈안드로메다〉
외젠 들라크루아, 휴스턴 미술관
안드로메다는 에디오피아의 공주로, 자신의 미모를 뽐내다 바다의 요정에게 노여움을 사 사슬에 묶이게 되었다.

인간은 감정의 동물이야!

들라크루아, 이국의 아름다움에 눈뜨다

한편 당시 프랑스에서는 나폴레옹의 이집트 원정에 동행한 학자들이 수집한 자료들이 24권의 책으로 간행되면서, 동양에 대한 관심이 부쩍 높아졌다.

오리엔트라 불리던 근동* 지방에 대한 관심을 가리켜, '오리엔탈리즘'이라는 새로운 말이 생기기도 했다.

*근동: 지리적으로 서유럽에 가까운 동양. 터키, 이란, 이라크, 시리아 등이 해당된다.

들라크루아 역시 마찬가지였다.

〈규방에 있는 알제의 여인들〉 외젠 들라크루아, 루브르 박물관

이 그림은, 그가 북아프리카 여행에서 돌아온 직후 발표한 〈규방에 있는 알제*의 여인들〉이다.

*알제: 북아프리카에 있는 알제리의 수도

어딘지 넋을 잃은 것처럼 보이기도 하는
이국 여인들의 관능적인 아름다움이
선명하고 감각적인 색채 속에서 보는 이를 매혹하고 있다.

들라크루아는 이 그림 외에도 북아프리카 그림을 80여 점이나 남겼다.

세련되고 문명화된 유럽 사회만을 접하던 낭만주의자들에게
낯선 이국이란
미개하고 야만적이고 때로는 폭력적이지만,
그 안에 '원초적인 아름다움'을 담고 있는 장소였다.

들라크루아가 이처럼 이국에 눈을 돌린 것은,
꽉 짜인 유럽 사회를 벗어나 새롭고 이상적인 삶을 찾고 싶다는
낭만적 꿈 때문이었다.
낭만주의자들에게 동양은 그런 '꿈의 세계'였다.

〈토끼를 씹어 먹는 사자〉 외젠 들라크루아, 루브르 박물관
들라크루아는 이국의 자연 풍경이나 동물들도 즐겨 그렸다.

들라크루아는 낭만주의자답게, 이국적인 풍경 속에서도
감정을 극적으로 드러내는 소재를 찾는 데 몰두했다.

그가 남긴 기록을 보자.

〈지아우르와 파샤의 전투〉 외젠 들라크루아, 시카고 미술관

"전투 중인 말들은
앞발을 들고 울부짖으며
맹렬하게 움직여서,
병사가 떨어지지 않을까
걱정될 정도였다.
그러나 그림 그리기엔
아주 근사한 장면이었다.
나는 정말 엄청나고도
환상적인 장면을
목격한 것이다."
– 들라크루아의 일기 중에서

그가 보기에, 얌전하고 정적인 장면을 그리는 것은
그림을 그리는 사람이나 그림을 보는 사람에게
아무런 감정을 불러일으키지 않는다.

말이 앞발을 들고 울부짖는 모습이나
아랍 병사가 쏜살같이 내달리는 모습을 화폭에 담아야만,
그 순간의 감정의 소용돌이가 비로소 전해질 수 있는 것이다.

들라크루아의 작품 소재에 담긴 생각

이처럼 들라크루아는 작품 소재를 선택할 때
기존의 공식, 즉 교훈적인 내용은 철저히 배제하였다.

그가 선택한 작품 소재는 낭만주의자들의 전형을 보여 준다.
**낭만주의자들은 시간적으로는
다양한 신화가 살아 있는
고대에 매료되었고,
또 공간적으로는
유럽 바깥의 세계에 매혹되었다.**
즉 낭만주의자들에게 이상적인 세계란
지금 자신들이 살아가고 있는
유럽이 아닌, 과거의 그 어떤 곳이었다.

이러한 낭만주의자들의 태도는
자신들이 나고 생활하던
**유럽 중심, 도시 중심, 문명 중심의 사고에서 벗어나
문화의 다양성에 눈을 뜨기 시작했다는 긍정적인 측면이 있다.**

하지만 그들이 유럽 바깥 세계의 실상과 현실에 대해
있는 그대로 정확히 바라보았는지는 의문의 여지가 있다.
**그들은 자신들의 꿈과 희망, 즉 낭만주의적 판타지를
다른 세계에 그대로 덧씌워 자기만족을 느꼈던 것이다.**

낭 만 주 의 12 ROMANTICISM

"추악함과 기괴함조차 아름답다"
빅토르 위고의 낭만주의 문학

〈후예들의 기마 행렬〉 벵자맹 루보의 동판화
프랑스 낭만주의 문학의 선구자 빅토르 위고를 선두로 해
고티에, 카사냐, 뒤마, 라마르틴, 발자크 등 그의 후예들이 뒤를 따르고 있다.

1830년 2월 25일, 프랑스 파리의 국립극장.
붉은 조끼를 입은 젊은 시인 테오필 고티에가
한 무리의 젊은이들을 이끌고 극장 곳곳을 지키고 서 있다.

이날은 빅토르 위고의 연극
〈에르나니〉가 공연되는 날이었다.
도대체 무슨 일이 일어난 것일까?

〈에르나니의 첫 상연〉 알베르 베나르
아수라장이 된 극장 내부의 모습이 나타나 있다.

이 연극은 공연 첫날부터 관중석에서 야유와 욕설이 끊이지 않았다.
극장 곳곳에 포진한 젊은 시인들과 화가들은
이에 질세라 더 크게 환호하고 박수갈채를 보냈다.
연극이 막을 내리기까지 45일 동안,
이들은 관중들의 소란으로 인해 연극이 중단되지 않도록
매일같이 무대를 지켜야 했다.

훗날 사람들은 이 45일간의 싸움을
'에르나니 전투'라 불렀다.
그런데 '전투'라는 이름이 붙을 정도로
큰 소란이 일어난 이유는 대체 무엇일까?
도대체 무슨 연극이기에,
관중들이 그렇게 성이 난 것일까?

〈테오필 고티에〉 작가 미상
위고를 옹호하는 '낭만주의 군대'는
이런 복장으로 극장을 지켰다.

빅토르 위고의 〈에르나니〉 이야기

작품 속 무대는 16세기 돈 카를로스 왕이 지배하던 에스파냐.
본래 귀족이었던 돈 후안은 왕에게 쫓기다가
'에르나니'라는 이름의 산적 두목이 되었다.
그에게는 도냐 솔이라는 연인이 있었다.
그런데 왕과 고메즈 공작 또한 그녀를 사랑하고 있었다.

도냐 솔은 에르나니가 죽었다는 소문을 믿고
고메즈 공작과 내키지 않는 결혼을 하려 한다.
에르나니는 왕의 추격을 피해 공작의 성에 숨어들고,
공작은 연적*인 줄 알면서도 에르나니를 몰래 숨겨 준다.

*연적: 사랑할 연(戀), 적 적(敵).
사랑의 경쟁자

돈 카를로스 왕은 에르나니를 잡으러 공작의 성으로 오지만
그를 잡는 데 실패하고
그 대신 도냐 솔을 인질로 데리고 떠난다.

그녀와의 결혼식을 앞두고 있던 공작은 화가 나서,
불행을 가져다준 에르나니를 죽이려 한다.

에르나니는 왕 또한
자신들의 연적임을 알리며,
자기가 왕을 죽일 때까지만
목숨을 부지하게 해 달라고
공작에게 부탁한다.
언제든지 자신의 생명을
거둘 수 있는 뿔피리를 건네며!

그러던 중 돈 카를로스 왕이
독일 황제의 자리에 오르자
그는 에르나니에게 관용을 베풀어
도냐 솔과 결혼하게 해 준다.

〈독일 황제 카를 5세〉
베르나르트 반 오를레이, 루브르 박물관
연극 〈에르나니〉의 중심에는 젊은 시절 에스파냐 아라곤과 카스틸 지역의 왕이었던 카를로스 1세(연극 속 돈 카를로스 왕)가 있다. 그는 훗날 독일 황제 카를 5세가 된다.

에르나니와 도냐 솔의 결혼식이 있던 날,
어디선가 들려오는 뿔피리 소리!

"선택해라! 비수냐, 독약이냐?"

질투심을 이기지 못한 공작이
에르나니에게 약속대로 목숨을 내놓을 것을 요구한 것이다.

공작에게 목숨을 맡겼던 에르나니는
삶에서 가장 행복한 순간,
독배를 마시는 운명에 처한다.

도냐 솔 역시 에르나니의
독약을 절반 빼앗아 마시고
함께 죽는다.

〈에르나니〉의 한 장면 1879년 프랑스 국립극장의 주보

그리고 고메즈 공작 역시 그들의 시체 위에서 자결하고 만다.

이처럼 위고의 희곡 〈에르나니〉는
죽음으로 치닫는 충격적이고 열정적인 멜로드라마다.

위고 이전까지의 고전주의 연극은
품위와 우아함을 생명으로 하였다.
일반인들보다는 귀족들을 상대로 하였기 때문이다.

따라서 연극에서 대사를 쓸 때는
일상 언어를 가급적 사용하지 않았고,
비유적이고 꾸밈이 많은 말들을 즐겨 사용했다.
예를 들어, 고전주의 연극에서 밤은
'태양의 휴식'이나 '잠의 신의 옷자락'이라고 표현했다.

말하자면, 고전주의 연극은 형식적 틀이 매우 엄격했던 것이다.

그러나 낭만주의자들은
이런 화려하고 꾸밈 많은 형식적 문체를 거부하고
일상적인 문장과 간단한 대사를 즐겨 사용하였다.

〈에르나니〉에는 우아한 음률이라곤 없이,
서슴없이 내뱉는 직설적인 대사들과 자유로운 감정 표현들로 가득했다.
그러니 점잖은 고전주의 연극에 익숙한
관중들은 충격을 받을 수밖에 없었던 것이다.

게다가 고전주의 연극에서는
'하루 동안, 한 장소에서 일어나는 하나의 사건을 다룬다'는
'삼일치의 법칙'을 반드시 지켜야 했다.

그러나 위고는 〈에르나니〉를 무대에 올리기 3년 전,
희곡 〈크롬웰〉에 붙인 서문에서 삼일치의 법칙을 비판했다.
**더 나아가 그는 예술이 고귀함과 아름다움뿐만 아니라
기괴함과 추함까지도 다루어야 한다고 주장했다.**

희곡 〈에르나니〉는 이러한 그의 문학 이론을 반영한 것이다.
그는 시간과 장소를 넘나드는 장면 장면들을 통해
삼일치의 법칙을 깨부수고,
인간의 추악하고 부끄러운 마음을 그대로 전달하는 대사로
인간의 마음에는 아름다움과 추함, 선과 악이
함께 있음을 보여 주고 있다.

이것이 바로 위고를 따르던 젊은 예술가 무리,
에르나니 전투의 '낭만주의 군대'가 지키고자 했던 정신이다.

위고의 〈파리의 노트르담〉

한편 위고가 〈크롬웰〉 서문에서 밝혔던 생각,
즉 '예술은 아름다움과 추함을 모두 그려야 한다'는 입장이
가장 극적으로 드러난 작품이 바로 〈파리의 노트르담〉이다.

'노트르담의 꼽추'라는
제목으로 더 친숙한 이 작품은
15세기 말의 파리를
배경으로 한 이야기다.

소설은 광인절
(미친 사람들의 날)에
광인 교황을 선출하는
에피소드로 시작한다.

한 옷 장수가
황당한 제안을 늘어놓는다.

〈노트르담의 꼽추〉 아서 랜슨

"우리나라에선 이렇게 광인 교황을 뽑습니다.
사람들이 차례로 인상을 찌푸려 보이는 거요.
그중 가장 추악하게 찡그린 낯짝을 하는 자가
만인의 갈채를 받아 교황으로 뽑히는 거죠.
여러분, 우리나라 식으로 교황을 뽑아 보지 않겠습니까?"

그때 한 사람이 등장했다!
작가 위고는 그의 생김새를 이렇게 묘사한다.

〈콰지모도〉 데이비드 커티스

"네모난 코, 말발굽 같은 입,
사마귀 아래로 완전히
사라져 버린 오른쪽 눈.
그리고 특히
그 모든 것 위에 번져 있는,
심술과 놀라움과 슬픔이 섞인 표정."

그야말로 더할 수 없이
추악한 모습이다.
사람들은 그를 보고
너도나도 외쳤다.

"종지기 콰지모도다! 노트르담의 꼽추 콰지모도다!
애꾸눈 콰지모도다!"

위고는 그의 추한 용모를 묘사하는 데
무려 작은 장 하나를 할애했다.
위고는 '아름다움과 추함을 함께 다룬다'는 자신의 주장을
실천하기 위해 콰지모도를 등장시키고,
또 '추함'에 대한 서술에 이토록 심혈을 기울인 것이다.

〈춤을 추는 에스메랄다〉 귀스타브 브리옹, 〈파리의 노트르담〉의 삽화

그러면 계속해서
위고가 소설 속에서 '아름다움'에 대해서는
어떻게 그렸는지를 보자.

광인절 축제에서 아리따운 집시 아가씨
에스메랄다가 춤을 추고 있다.

아가씨를 바라보는 수천의 얼굴 가운데
골똘한 얼굴 하나가 있다.
준엄하고 침착하고 침울한 얼굴이다.
이 집시 여인에게서 눈을 떼지 못하는 그는
노트르담 대성당의 부주교 프롤로 신부다.

그날 밤 콰지모도는
에스메랄다를 납치하려고 한다.
그의 양아버지인
프롤로 신부가 시킨 일이었다.

그런데 이를 목격한 경비대장 페뷔스가
아가씨를 구출하고,
아가씨는 그에게 반한다.
그리고 페뷔스에게 체포된 콰지모도.
그런 그에게 동정을 보내는 사람은
오직 에스메랄다 한 사람밖에 없었다.

〈콰지모도에게 물을 주는 에스메랄다〉
〈파리의 노트르담〉의 삽화, 프랑스 국립 도서관

이 때문에 콰지모도는
에스메랄다에게 연정을 품게 된다.

한편, 집시 처녀를 탐내고 있는
프롤로 신부는
에스메랄다가 페뷔스를 사랑한다는 것을
알고는 저주를 퍼붓는다.

그는 에스메랄다가 보는 앞에서
페뷔스를 칼로 찌른 뒤
그녀에게 살인죄를 뒤집어씌운다.
그리고 누명을 쓴 에스메랄다는
결국 사형을 선고받는다.
여기서, 두 사람이 감옥에서 나누는
대화 한 토막을 보자.

〈프롤로 신부와 에스메랄다〉
《파리의 노트르담》의 삽화
그림 왼쪽의 프롤로 신부가 에스메랄다를
훔쳐보고 있다.

"내가 무서운가?"
"그래요! 나를 이 지옥에 떨어뜨린 사람. 나의 페뷔스를 죽인 자. 당신은 누구죠? 내게 무슨 원한이 있나요?"
"나는 당신을 사랑해!"
"무슨 사랑이 그럴까!"

그러나 에스메랄다에게 교수형을 집행하려는 순간,
콰지모도가 종탑에서 밧줄을 타고 내려왔다.
그는 그녀를 품 안에, 그 울퉁불퉁한 가슴에 꼭 껴안았다.
자기의 재산처럼, 자기의 보물처럼,
마치 이 소녀의 어머니가 그렇게 했을 것같이!

〈파리의 노트르담〉
알프레드 바르보, 1831년 초판 삽화

그러자 군중들은 열광하며 발을 동동 굴렀다.
그 순간의 콰지모도는 진정 아름다워 보였기 때문이다.
그는 아름다웠다. 이 고아는, 이 허섭쓰레기는,
자신이 존엄하고 굳세다는 것을 느끼고 있었다.

꼽추는 그렇게 사랑하는 여인을 구출하여 성당에 숨긴다.
그리고 그는 서글프게 말한다.
"제가 무섭죠? 추하죠? 저를 보지 마세요."

그러나 결국 에스메랄다는 붙잡혀 교수형을 당한다.

콰지모도는 그 광경을 탑에서 지켜보던
프롤로 신부를 떠밀어 죽이고, 노트르담 성당에서 종적을 감추었다.
후에 에스메랄다의 해골을 껴안고 있는
콰지모도의 해골이 발견되었다.
사람들이 둘을 떼어 놓으려 하자, 둘은 먼지가 되어 버렸다고 한다.

콰지모도는 기괴하고 흉측한 모습의 꼽추 종지기였지만,
순수함과 진정한 사랑을 보여 주는 고결한 영혼이었다.
프롤로는 뛰어난 용모와 두뇌를 가진 성직자였지만,
욕망과 위선으로 뒤틀린 영혼이었다.
소설은 이 두 사람의 사랑을 대조적으로 보여 준다.

위고는 이러한 드라마틱한 대조를 통해,
자신이 '낭만주의의 헌장'이라고 밝힌
〈크롬웰〉서문의 정신을 실제 작품 속에서 몸소 실천하였다.

그가 보기에 인간의 삶에는
추함과 아름다움,
선과 악,
위대함과 저열함,
빛과 어둠이
언제나 함께 있으니,
예술가는 다양한 인간 군상들의
다양한 감정들을
모두 담아야 한다는 것이다.

그리하여 위고는
'멀리 있어 동경할 수밖에 없는
이상적인 아름다움'보다는,
우리의 감정에 직접적으로 호소할 수 있는
추악하고 기괴한 면면들에도 가치가 있음을 보여 주었다.

〈빅토르 위고〉 오노레 도미에

"낭만주의는 추(醜)를 미(美)의 경지로 끌어올린
최초의 예술 사조다."

— 예술 비평가 이주헌

생 각 의 탄 생

5장

낭만주의, 유럽의 바깥으로 퍼지다

13 "내 마음속 악마를 탐구하라"
14 "암담한 식민지 현실로부터 도피하라"
15 "낭만주의는 지금도 살아 있다"

낭 만 주 의 13 ROMANTICISM

"내 마음속 악마를 탐구하라"
에드거 앨런 포우의 작품에 나타난 생각

브람 스토커의 〈드라큘라〉에 등장하는 스코틀랜드의 위트비 수도원

18세기 말부터 19세기 초까지 영국에서는
어둡고 침침한 중세의 성이나 교회를 배경으로 한,
무섭고 으스스한 이야기가 큰 유행이었다.

이러한 소설을 고딕 소설이라고 한다.

고딕 소설이란?

하필 이런 이름이 붙은 건
고딕 양식이 중세의 대표적인 건축 양식이기 때문이었다.

요컨대 고딕 소설은 비밀 통로, 지하 감옥을 갖춘
음울한 고성(古城)이나 수도원 등에서 일어나는
초자연적이고 괴기스러운 이야기다.

이러한 중세풍 괴기 드라마는
단순히 독자들을 깜짝 놀라게 하기 위한
흥밋거리로 쓰인 건 아니었다.

고딕 소설의 작가들 역시
낭만주의의 세례를 받았다.

그들은 이성적으로
도저히 이해할 수 없는
신비로운 괴담을 통해
합리주의에 반발하였고,

또 극한의 공포를 통해
인간 내면에 도사리고 있는
짙은 어둠을 드러내려 하였다.

〈프랑켄슈타인〉 테오도르 폰 홀스트, 고딕 소설의
대표작인 메리 셸리의 〈프랑켄슈타인〉의 1831년판 삽화

미국의 포우, 유럽의 고딕 소설을 계승하다

19세기 중엽 들어, 유럽의 고딕 소설은
대서양 건너 미국에서도 꽃을 피우게 되었다.
그리고 그 한가운데 에드거 앨런 포우(1809~1849년)가 있었다.

〈어셔 가의 몰락〉 아서 래컴

〈어셔 가의 몰락〉의 삽화, 오브리 비어즐리

"구름이 무겁게 드리운
쓸쓸한 가을날 황혼 무렵,
나는 황량한 시골길을 지나
어셔 가의 음침한 저택에 이르렀다.
이유는 알 수 없었지만,
그 저택을 한 번 바라본 순간부터
견딜 수 없는 침울한 기분이
내 마음속에 스며들었다.
나는 다만 한 채의 저택과
그 언저리의 보잘것없는 풍경,
황폐한 담,
멍하니 크게 뜬 눈처럼 보이는 창,
썩은 나무 몇 그루의 하얀 줄기들을
무어라 말할 수 없는
침울한 기분으로 바라보았다."
   －에드거 앨런 포우, 〈어셔 가의 몰락〉

비록 미국에는 유럽에서처럼 중세의 고성은 없었지만,
이처럼 그는 고딕 소설과 같은 공포 분위기를 연출하는 데 성공하였다.

포우의 심리 공포 소설 〈검은 고양이〉

하지만 포우가 단지 낡은 저택 같은 배경을 통해서만
음산한 분위기를 자아낸 건 아니었다.
사실 그가 가진 탁월함은 더욱 깊은 데 있었다.
그의 대표작인 〈검은 고양이〉를 살펴보자.

소설의 주인공 '나'는 원래 온순하고
동물을 끔찍이도 사랑하던 사람이었다.

그러나 점차 알코올중독자에다 성격파탄자로 변해 버렸고,
애완동물을 학대하는 것도 모자라 아내마저 때리기 시작했다.

술에 취해 돌아온 어느 날,
아끼던 검은 고양이 플루토가 '나'를 슬슬 피하자

'나'는 순간 악마와도 같은
분노의 포로가 되어
칼로 플루토의 한쪽 눈을
도려내 버렸다!

'나'는 죄책감을 느꼈지만,
결국 상처 입은 고양이를
나뭇가지에 매달아 죽이고 말았다.

그러고선 주인공인 '나'는 스스로에게 묻는다.
"그게 법이라는 걸 잘 알면서도,
그것을 어기고 싶은 어찌할 수 없는 욕구가
우리에게는 늘 있는 게 아닐까?"

그 후 '나'는 술집에서 플루토와 똑같이 생긴
외눈박이 검은 고양이를 발견해 집으로 데려온다.
그 고양이의 가슴에 있는 흰 반점은
어쩐지 교수대의 모양처럼 보였다.

그러던 어느 날 '나'는 아내와 함께
지하실로 내려가다가
그 검은 고양이 때문에
굴러떨어질 뻔했다.

'나'는 화가 치밀어올라
도끼로 고양이를
내리치려 했다.

그러다 '나'를 말리던 아내를
도끼로 내리치고 말았다!
어처구니없게도
아내를 죽이고 만 것이다!

〈검은 고양이〉 지노 세베리니, 캐나다 국립 미술관

'나'는 즉시 아내의 시체를 감췄다.
지하실 벽 안에 아내의 시신을 세워 놓고, 그 앞에 벽을 새로 발랐다.
그 후 고양이는 나타나지 않았고, 삶은 다시 평화로워졌다.

그러나 살인을 저지른 지 나흘째 되던 날,
갑자기 경찰들이 들이닥쳐 집 안 구석구석을 뒤지기 시작했다.
그때 지하실 벽 안에서 들려온 음산한 소리!

경찰들이 달려들어 벽을 허물었고,
그러자 끔찍한 아내의 시체가
벽 속에 선 채로
모두를 노려보고 있었다!
그리고 사라졌던
외눈박이 고양이가
시체의 머리 위에 앉아
시뻘건 입을 크게 벌리고
울고 있는 게 아닌가!

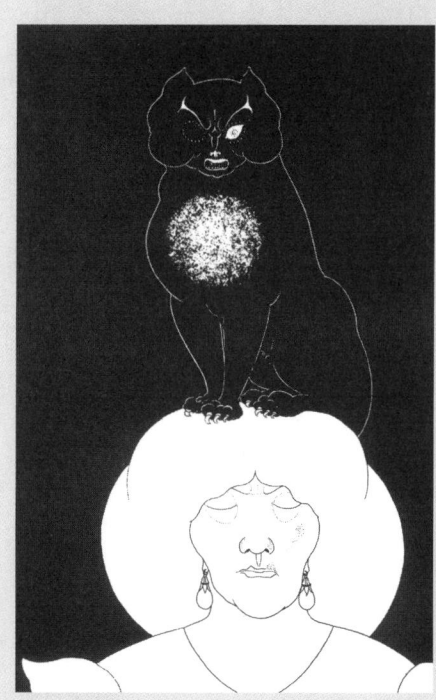

〈검은 고양이〉의 삽화, 오브리 비어즐리

'나'는 고양이를 시체와 함께
벽 속에 넣고 발라 버렸던 것이다!
그 불길한 검은 고양이는
'내'가 살인을 저지르게 한 것도 모자라,
이제는 비명 소리로 '나'를 교수대로 이끈 것이다!

이 섬뜩한 소설은 사형을 앞둔 주인공 '내'가
이러한 지난 일을 회상하는 것으로 시작한다.

"난 미치지 않았다.
그리고 꿈을 꾸고 있는 것도 아니다.
내일이면 죽을 몸이니,
오늘이라도 영혼의 무거운 짐을
벗어 놓으려는 것뿐이다.
단순한 가정사를 있는 그대로
간결 솔직하게 사람들에게 이야기하려 한다.
결과적으로 그 일들은 나를 공포에 떨게 했고,
번민을 안겼으며, 끝내는 파멸시켰다."

에드거 앨런 포우의 〈구덩이와 시계추〉의 삽화, 해리 클라크

주인공은 자신이 미치지 않았다고 말하지만,
그는 '순간적으로 이성을 잃고 악마 같은 적개심으로'
아끼던 고양이를 죽이고 만다.
그것이 모든 불행의 시작이었다.

포우의 〈검은 고양이〉가 진정 공포스러운 것은
바로 이런 '내 안의 광기', '내 안의 악마' 때문이다.
내 안에 꼭꼭 감추어져 있던 '악마'가 모습을 드러내는 순간
삶은 악몽이 되고, 공포가 되고,
그리하여 끝내 파멸에 이르고 마는 것이다.

포우의 〈검은 고양이〉에 담긴 생각

낭만주의자 포우는 고딕 소설을 통해
인간의 본성, 우리의 마음을
탐구하려 하였다.

그가 보기에, 한없이 선하거나
또 한없이 악한 인간은 없다.
인간의 마음은 항상
복잡하게 분열되어 있고,
밝은 면과 어두운 면,
이성과 광기가 격렬하게 싸우고 있다.

〈에드거 앨런 포우〉 W. S. 하트숀의 사진

그가 드러내고 싶었던 것은 그 가운데에서도 후자,
즉 인간의 억눌린 욕망이나 일그러진 분노와 같이
우리 마음 깊숙이 숨어 있는 어두운 면이었다.
이 '어둠'은 이성이 한눈을 파는 사이에 호시탐탐 깨어난다.

결국 포우의 소설이 읽는 이를 오싹하게 하는 건
무시무시한 괴물이나 귀신이 등장해서가 아니라,
이해할 수 없는 폭력을 낳는 파괴적인 인간 심리 때문이다.
그래서 그의 소설은 '심리 공포 소설'이라 불린다.
포우는 인간 내면에 도사리고 있는 비이성과 광기를 드러냄으로써,
이성에 반대하는 낭만주의자로서의 면모를 보여 주고 있는 것이다.

낭 만 주 의   14   ROMANTICISM

"암담한 식민지 현실로부터 도피하라"
우리나라 일제강점기의 낭만주의

1926년 8월 4일 오전 4시,
일본 시모노세키 항을 출발해
부산으로 향하던 배 안.
선원 한 명이
객실 문 하나가 열려 있는 걸 발견한다.

선원이 손전등으로 안을 비춰 보니 승객은 오간 데 없고
여행 가방 두 개만 덩그러니 놓여 있다.
가방 주인은 짐을 부탁하는 메모만을 남긴 채 사라져 버린 것이다!

바다 위에서 홀연히 증발해 버린 사람들은
한국 최초의 소프라노 가수 윤심덕과
최초의 한글 극작가 김우진이었다.

김우진과 윤심덕
일본 와세다 대학 시절의 김우진
(왼쪽)과 당시 최고의 인기 가수
였던 윤심덕의 모습이다.

유서도, 시신도 발견되지 않았지만
두 사람의 실종은 사람들에게 '동반 자살'로 받아들여졌다.
이미 결혼한 김우진과 미혼의 윤심덕 사이의 이루어질 수 없는 사랑이
그들로 하여금 '사랑을 위한 죽음'을 선택하게 했다는 것이다.

윤심덕의 〈사(死)의 찬미〉

사건 발생 일주일 후 오사카에서 윤심덕의 음반이 발매된다.
음반에는 윤심덕 자신이 가사를 붙인 노래,
〈사(死)의 찬미〉가 수록되어 있었다.

말하자면, '죽음'을 통한 사랑의 도피 행각 뒤에
죽음을 찬미하는 노래가 남겨져 있었던 것이다.

광막한 황야에 달리는 인생아, 너의 가는 곳 그 어데냐.
쓸쓸한 세상 험악한 고해(苦海)*에 너는 무엇을 찾으러 가느냐.
눈물로 된 이 세상에 나 죽으면 그만일까.
— 윤심덕, 〈사의 찬미〉

*고해: 괴로울 고(苦), 바다 해(海). '고통의 바다'라는 뜻으로, 괴로움이 끝이 없는 인간 세상을 말한다.

두 사람의 이야기는 낭만적인 사랑을 말하는 '신화'가 되었다.

그러나 사실 이 시대에
죽음을 찬미하는 건 그리 유별난 일이 아니었다.

〈백조〉 동인의 낭만주의 시

'죽음에 대한 찬미'는 1920년대 식민지에 살던
우리나라의 젊은 지식인들을 이미 유혹하고 있었다. 다음의 시를 보자.

검은 옷을 해골 위에 걸고
말없이 주토(朱土)*빛 흙을 밟는 무리를 보라.
이곳에 생명이 있나니
이곳에 참이 있나니
……
해골! 무언(無言)!
번쩍이는 진리는
이곳에 있지 아니하냐.
– 박종화, 〈사의 예찬〉의 2연

*주토: 빛깔이 붉은 흙

시인 박종화(1901~1981년)는 현실이 아니라,
'죽음의 세계'에 참과 진리가 있다고 노래하고 있다.
그가 그렇게 보는 이유는 식민지의 현실이 그만큼 가혹하기 때문이었다.
차라리 죽는 게 나을 만큼!

또 다른 연에서 시인은, "아름다운 피를 뿜고 넘어질 때까지
힘껏 성내어 보아도…… 참으로 얻을 수 없나니."라고 노래한다.
즉, 이 시엔 현실에 대항하다 입은 깊은 상처의 흔적이 보인다.
결국 '죽음'은 잔인한 현실로부터 도망치는 탈출구인 셈이다.

1922년 1월, 스무 살 안팎의
젊은이들이 모여
〈백조〉라는 이름의 동인지를 만들었다.
시인 박종화 역시
이 〈백조〉에서 활동하였다.

〈백조〉는 우리나라 낭만주의를
대표하는 잡지로 평가된다.

〈백조〉 창간호의 표지
백조는 초기 낭만주의 운동의 구심점 역할을 하며 3호까지 발간되었다.

1919년 3·1 운동이 실패로 돌아간 후
허탈감과 절망에 빠져 있던 문인들은
유럽에서 건너온 '낭만주의'라는 새로운 생각에 빠져들었다.

그러나 유럽의 낭만주의가 이성에 반대해
감성의 자유와 해방을 노래하며
활기차게 꽃 피웠다면,
〈백조〉 동인의 낭만주의는
어딘지 어둡고 우울하고
절망적인 색깔이 강했다.

우리나라의 낭만주의는 시작부터
식민 지배라는
'어둠'을 품고 있었기 때문이다.

〈젊은 시절의 시인 홍사용〉
홍사용은 〈백조〉의 편집장으로,
학생 시절 3·1 운동에 참여하기도 했다.

또 다른 〈백조〉 동인의 시를 보자.

저녁의 피 묻은 동굴 속으로
아, 밑 없는 그 동굴 속으로
끝도 모르고
끝도 모르고
나는 거꾸러지련다.
나는 파묻히련다.
……
낮도 모르고
밤도 모르고
나는 술 취한 몸을 세우련다.
- 이상화, 〈말세의 희탄〉 중

시인 이상화(1901~1943년)는 "동굴 속으로 파묻히련다."라고 노래한다.
이 시에서 동굴은
박종화의 시에서 '죽음'과 흡사한 이미지를 가지고 있다.

동굴은 '낮도 모르고 밤도 모르는' 곳,
즉 현실 속에 자리 잡고 있는 공간이 아닌
현실 너머에 자리한 곳이다.
더 구체적으로는 현실을 잊을 수 있는 공간,
현실로부터 탈출할 수 있는 도피처인 것이다.

대구 두류공원에 있는 이상화 동상
후일 그는 일제에 대한 저항을 노래한
〈빼앗긴 들에도 봄은 오는가〉를 남겼다.

중국과 버마의 국경 지대에서 포로가 된 조선인 위안부들
한 남자가 여성들을 데리고 웃고 있다. 오른쪽의 여성은 임신한 상태다.
(제공: 미국 공문서관 NARA)

"나는 왕이로소이다. 어머니의 외아들 나는 이렇게 왕이로소이다.
그러나 그러나 눈물의 왕!
이 세상 어느 곳에든지 설움이 있는 땅은 모두 왕의 나라로소이다."

− 홍사용, 〈나는 왕이로소이다〉의 8연

역시 〈백조〉 동인으로 활동한
시인 홍사용(1900~1947년)의 작품
〈나는 왕이로소이다〉이다.
이 시에서 왕은 '조국'이라고 이해할 수 있다.
그 조국은 '눈물'의 조국인 동시에
'설움이 있는 땅'이다.
또 다른 연에서 이 눈물의 왕(조국)은
'모가지가 없는 그림자'로 그려지고,
그리하여 '어머니 몰래 남 모르게
속 깊이 소리 없이 혼자 우는 버릇'을 갖게 되었다.

홍사용
후일 일제강점기 말기가 되면 대다수의 시인들이 일본을 찬양하는 친일시를 발표하지만, 홍사용은 이때도 친일 활동을 하지 않았다.

이처럼 시인은 작품 곳곳에서, 망국의 한을 안고 살아가는
식민지 백성의 울분과 비애를 노래하고 있다.

1920년대 낭만주의 시에 담긴 생각

"유럽의 낭만주의는 저항과 슬픔에서, 사회적 위기 상황에서,
그리고 개개인에게 닥친 충격의 틈바구니에서 태어났다."
― 데이비드 블레이니 브라운, 〈낭만주의〉

유럽의 낭만주의는 현실에 대한 거리두기와 비판 의식에서 싹터 왔다.
현실이 긍정적이고 아름답기만 하다면,
낭만주의자가 굳이 자유를 부르짖을 까닭이 없는 것이다.

그리고 낭만주의자는 부정적인 현실에 맞서,
자신만의 이상 세계를 발견한다.
그것은 때로는 이국적인 문화일 수도,
때로는 과거의 역사일 수도, 또 때로는 자연일 수도 있다.

그러나 1920년대 한국의 낭만주의자들은 천편일률적으로
'죽음', '동굴'과 같이 어둡고 우울한 이상 세계만을 향했다.
그곳은 매우 체념적이고 자포자기적인 도피처였다.

이처럼 한국의 초창기 낭만주의는
암담한 식민지 현실 앞에서
비애, 눈물, 울분, 탄식, 절망만을 늘어놓는
병적이고 퇴폐적이고 현실 도피적인 성향을 보였다.

낭 만 주 의 ROMANTICISM

"낭만주의는 지금도 살아 있다"
실험 예술에 담긴 낭만주의적 생각

1971년 쉬라즈 아트 페스티발에서의 존 케이지의 모습(오른쪽)
왼쪽 인물은 케이지가 작곡한 〈4분 33초〉의 초연을 맡은 피아니스트 데이비드 튜더.

1952년 8월 29일, 뉴욕 주 우드스탁의
한 콘서트홀에 모인 관객들이 웅성거리기 시작했다.

무대에 오른 연주자가
피아노 앞에서 괴상한 행동을 한 것이다.

존 케이지의 〈4분 23초〉

피아노 앞에 앉은 연주자는
난데없이 건반 뚜껑을 닫아 버렸다.
그러고선 마치 피아노를 치는 것처럼
손을 들어 올리더니 내려놓았다.

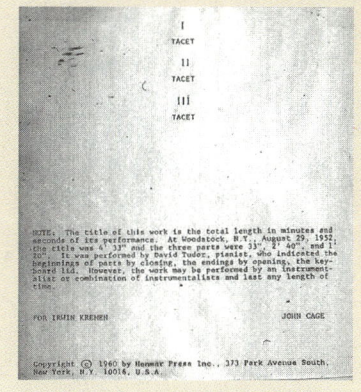
존 케이지의 〈4분 33초〉의 악보

잠시 후 그는 다시 피아노 뚜껑을 열었다.
그러고는 다시 뚜껑을 닫고, 피아노 치는 흉내를 내었다.
이 과정을 한 번 더 반복하고선 그는 자리에서 일어났다.
연주가 끝났다는 것이다!

이는 존 케이지(1912~1992년)가 작곡한
〈4분 33초〉라는 곡의 초연 장면이다.
33초, 2분 40초, 1분 20초 분량의
3악장으로 이루어진 이 곡의 악보에는 음표가 없다.
각 악장에 'TACET(조용히)'라는 글자만이 적혀 있을 뿐이다.

4분 33초 동안 연주자는
스톱워치로 '정확히' 시간을 재고 무대에서 내려왔다.
청중들은 애써 예의를 지키려고 조용히 앉아 있다가
마침내 수군거리기 시작했다.

대체 이게 뭐하자는 거지? 아무 소리도 없는 게 음악이라고?

케이지는 초연 당시의 상황에 대해 이렇게 말하고 있다.

"사람들은 침묵이라고 생각했지만,
실은 우연적인 소리로 가득 차 있었다.
1악장에서는 홀 밖의 나무를 건드리는 바람 소리가 들렸고,
2악장에서는 빗방울이 지붕을 두드리는 소리가 들렸고,
3악장에서는 청중들이 웅성거리는 소리가 들렸다."

연주 현장에서 우연적으로 생기는 다양한 소리들,
그것이 이 곡의 내용이라는 것이다.

이 곡을 쓰기 전 케이지는
하버드 대학의 무향실*에 간 적이 있다.
아무 소리도 나지 않아야 할 무향실에서
그는 두 개의 소리를 들었다.
뭔지 알 수 없지만 높은 음과 낮은 음.

"완벽한 침묵이나 완벽한 무음은 없다.
내가 죽어도 소리는 남아 있을 것이다."

존 케이지

*무향실: 소리가 울리지 않도록 설계한 방

케이지의 〈4분 33초〉는 이러한 발견에서 비롯되었다.
'소리 없는 음악', '침묵의 음악'이라는 별칭이 붙은
이 곡은 "음악이란 무엇일까?"라는 근본적인 질문을 던져 주었다.

로버트 라우센버그의 〈지워진 드 쿠닝〉

유유상종이라고,
케이지의 친구인 로버트 라우센버그(1925~2008년)는 그에 앞서
〈텅 빈 캔버스〉를 전시한 적이 있다.

이는 작품이 걸려 있는 곳의 조명,
그리고 작품을 바라보는 사람들의 그림자로 인해 모습이 바뀌는,
말 그대로 '빈 그림'이었다.
〈4분 33초〉의 회화 버전인 셈이다.

또 그는 멀쩡한 그림을 지워 버리기도 했다.
신예 작가였던 그는 당시 화단의 대선배 드 쿠닝을 찾아가
아름다운 데생을 한 점 달라고 졸랐다.

그렇게 얻어 낸 그림은 6주간에 걸쳐 지워졌고
〈지워진 드 쿠닝〉이라는 이름으로 미술관에 걸렸다.

〈지워진 드 쿠닝〉 로버트 라우센버그

라우센버그는
한 잡지사와의 인터뷰에서
이렇게 말했다.

"나는 그냥,
아름답다고 하는 것들을
지워 버리고 싶을 뿐이었다.
처음에는 내가 그린
데생을 지워 보기도 했다.

하지만 드 쿠닝의 데생이
더 아름다워서,
그걸 지웠을 뿐이다."

이처럼 라우센버그는
아름다움은
지워질 수도 있는
일시적인 것이라는
파격적인 발상을 했다.

〈자전거 타기〉 로버트 라우센버그, 독일 베를린

백남준과 요셉 보이스

1959년 11월 독일의 뒤셀도르프 갤러리에서도
해괴한 일이 벌어졌다.
존 케이지의 제자인 백남준(1932~2006년)이 연주를 하다가
피아노 선을 끊고 뒤로 넘어뜨려 피아노를 부숴 버린 것이다!

〈존 케이지에게 경의를 표함: 테이프 레코더와 피아노를 위한 음악〉 백남준
경건한 제목과는 달리 전시장은 유리 깨지는 소리, 피아노 부서지는 소리, 모터사이클 소리, 베토벤의 음악, 독일 가곡, 사이렌 소리 등 무질서한 소리로 가득 찼다. 백남준의 이 퍼포먼스에는 '파괴 연주'라는 별칭이 붙었다.

그뿐만이 아니었다.
이듬해에 열린 〈피아노 포르테를 위한 습작〉 공연도 난장판이었다.
무대에서 쇼팽을 연주하던 백남준은
갑자기 두 대의 피아노를 부수고,
객석으로 뛰어들어 케이지의 넥타이를 잘라 버렸다.

1963년 백남준의 첫 개인전
〈음악의 전시 – 전자 텔레비전〉에서도 해프닝은 계속되었다.

한 남자가 난데없이 망치와 도끼를 들고 나타나
입구에 전시되어 있던 피아노를 때려 부순 것이다.

이 사람은 "모든 사람들이 전부 예술가다!"라는 주장으로
예술계에 큰 파문을 일으켰던
독일의 미술가
요셉 보이스(1921~1986년)였다.

그는 얼굴에 금가루 칠을 하고
3시간 동안 토끼의 시체를
안고 있거나,
3일 동안 코요테와
담소하는 퍼포먼스를 하는 등
수많은 문제작들을 남겼다.

그는 적어도 형식에 있어서만큼은
누구보다 자유로운 사람이었다.

"우리가 캔버스와 그림들을 사야겠다는 생각을
머릿속에 떠올리는 순간부터 우리의 잘못이 시작된다."

실험 예술에 담긴 낭만주의적 사고

케이지, 라우센버그, 백남준, 보이스.
이들은 모두 고정되지 않은 예술, 변화하는 예술,
실험적인 예술을 시도했던 사람들이다.
이들 실험 예술가들은 끊임없는 발상의 전환을 통해
예술에 대한 고정관념을 깨부수고 있다.

프랑스의 문학사가 디보데는 이런 예술적 실험들이
모두 '낭만주의적'이라고 말한다.
왜냐하면 낭만주의 정신이란 당대의 것, 기존의 것에 의문을 품고,
'새로움'을 추구하는 자유정신이기 때문이다.

19세기는 변화와 실험의 세기였고, 그 선두에 낭만주의가 있었다.
낭만주의자들은 기존 예술의 규칙들에 반발하고
새로운 실험에 몰두하였다.
오늘날 문학과 예술이 누리는 자유의 토대는
바로 이 시기에 마련된 것이다.
그리고 예술적 실험이 계속되는 한,
낭만주의의 자유정신은 여전히 살아 있을 것이다.

"낭만주의는 이후 예술사 전체의 변화를 이끈,
자유와 새로움의 바이러스다."

-예술사가 데이비드 블레이니 브라운

낭 만 주 의　ROMANTICISM

에필로그
"낭만주의자들의 생각과 그 이후"
낭만주의의 의의와 한계

⟨메두사 호의 뗏목⟩ 테오도르 제리코, 루브르 박물관

1816년 프랑스 해군 함정 메두사 호가 난파된 뒤,
149명이 뗏목에 타고 12일간 망망대해를 떠돌다
15명만이 극적으로 구조된 사건이 있었다.
프랑스 낭만주의의 선구자 제리코(1791~1824년)는 이를 그림에 담았다.
그가 표현하고 싶었던 것은 무엇일까?

감성 중심의 낭만주의가 가져온 예술관의 변화

그것은 바로 감정!
아수라장이 된 뗏목, 사람들의 뒤틀린 육체를 보며
삶을 엄습해 오는 죽음의 공포,
그 처절함과 격렬함을 "느껴 보라!"는 것이다.

〈테오드르 제리코의 자화상〉

이처럼 낭만주의는 과학과 이성이 지배하던 시대에 반발해
감성을 자신의 무기로 내세웠다.
"생각하지 마. 느껴. 네가 느끼는 걸 믿어.
그래서 너만의 세상을 만들어. 그게 세상 그 어떤 진리보다도 중요해.
그리고 네 느낌을 자유롭게 표현해 봐."

이는 실로 파격적이고도 혁신적인 생각이었다.

지금껏 서양 예술사에서 '감정'의 중요성이
이렇게까지 부각된 적은 없었기 때문이다.

〈폭풍 속의 배〉 이반 아이바조프스키
낭만주의자들은 거칠고 무서운 자연을 통해 자신의 격렬한 감정을 표현하였다.

'감정'이 전면에 나서면서 이제 초점은 예술가 개인이 되었다.
고전주의 예술가들의 제1 덕목은
'정형화된 규칙과 양식을 얼마나 잘 지키는가?' 였다.
그러나 낭만주의 예술가들에게 제1 덕목은
'예술가 개인이 얼마나 창조적이고 개성적인가?
또 예술가 개인이 얼마나 상상력이 풍부한가?' 가 되었다.

"우리는 스스로 창조하는 세계에 살고 있다."
―독일 낭만주의 철학자 헤르더

〈정신병원에 갇힌 타소〉 외젠 들라크루아
타소는 16세기 이탈리아의 시인으로, 창작의 고통에 시달리다 광기에 사로잡히게 된다. 낭만주의 화가들은 이런 광인들을 즐겨 그렸는데, 이는 광기와 예술적 천재성이 관련이 깊다고 믿었기 때문이다.

**오늘날 우리가 예술가를
'창조하는 사람'으로
인식하게 된 건
낭만주의의 영향인 셈이다.**

낭만주의는 더 나아가
소재나 형식상의
자유를 추구하였다.
그리하여 이성으로 경직된
당시 유럽 사회에
다양성과 새로움을 가져다주었다.
한마디로 낭만주의는
'예술을 예술답게' 만들었다.

계속된 혁명, 계속된 좌절: 낭만주의의 쇠퇴

한편 낭만주의자들이 계몽주의와 이성에 반발했다고 해서
혁명까지 부정적으로 본 것으로 오해해서는 안 된다.
그들은 혁명 정신의 변질에 분노했을 뿐
사실, 혁명 자체에는 크게 열광하였다.

꿈과 환상을 중시하는 낭만주의자에게
낡고 숨 막히는 기존 현실을 단번에 무너뜨리고
새하얀 백지 위에 새로운 이상 세계를 건설하려는 혁명만큼
가슴을 뛰게 하는 것은 또 없었다.

〈민중을 이끄는 자유의 여신〉
외젠 들라크루아, 루브르 박물관

가령 낭만주의 화가 들라크루아는
현실 속의 인물이 아닌 상상 속 자유의 여신을 내세워
위대한 혁명 정신을 이상화하려 하였다.

그러나 낭만주의자들의 바람과는 달리 현실은 참담했다.
1789년의 대혁명 이후에도
프랑스에서는 1830년, 1848년 두 차례의 혁명이 더 있었다.
그러나 승리의 환호는 아주 잠깐이었고,
대중의 기대는 가진 자들에 의해 번번이 배신당했다.

그러는 동안 낭만주의 운동은 나이를 먹어 갔고,
세상을 바꾸려는 열망도 어느새 식어 갔다.
그리하여 그들은 현실에서 도피해,
창을 닫고 밀실로 들어갔다.

쓰디쓴 배신감만을 안겨 주는
현실에서 치열하게 부대끼기보다는
과거로, 동방으로
그리고 공허한 몽상의 세계 속으로
빠져드는 게
차라리 마음 편했던 것이다.

〈벽 속의 방에 앉아 있는 엘리야〉 윌리엄 블레이크
이 작품에서 구약성서 속 선지자 엘리야는 상상력이 풍부한 예술가를 뜻한다. 그러나 '자기만의 상상의 방'에 혼자 너무 오래 있다 보면, 바깥의 현실 세상과 점점 동떨어질 수 있다.

그리하여 19세기 중엽에
접어들면서,
그동안 유럽 세계에 수많은
참신한 생각을 던져 주었던 낭만주의는
세상과의 단절 속에서 막을 내리기 시작했다.

타락한 낭만주의에 대한 반발: 사실주의의 등장

"낭만주의자들은 너무 공상적이고 신비적이야."
현실을 멀리하는 낭만주의를 뜬구름 잡는 짓이라 여기며 등장한
새로운 생각이 19세기 중반의 사실주의이다.

거듭된 혁명이 실패로 돌아간 마당에,
대중에게 계속 꿈과 환상을 심어 주기보다는
'사회 현실'과 충실히 대면하는 것이 필요한 시점이었다.

사실주의자들은 '가난한 대중들의 삶을 위한 예술'을 내세웠다.
그리하여 그들은 어두운 사회 현실을 '있는 그대로' 묘사하려 하였고,
이를 위해 현실을 객관적으로 관찰하고 분석하였다.

바야흐로 뜨거운 열정의 시대가 저물고,
냉정한 관찰과 분석의 시대가 열리기 시작한 것이다.

〈돌 깨는 사람들〉 귀스타브 쿠르베, 드레스덴 미술관
지금까지 예술의 소재로 쓰이지 않던, 평범한 노동자들의 일상이 담긴 그림이다.

찾아보기

4분 23초	167
Cottonopolis	88

ㄱ

갈레노스	138
가곡	118
가곡의 왕	112
가상현실	36
감성적	75
감성중심주의	73
검열	72
검은 고양이	153
겨울 나그네	118
계몽주의	13, 15, 109
계몽주의자	56
고딕 소설	150
고메즈 공작	136
고전주의	44, 59, 64
고전주의 연극	138
공포정치	18, 61
공화정	15
광인절	141
괴테	23
국민음악	123
군국주의	72
규방에 있는 알제의 여인들	130
그로	42
그림 동화	105
그림 형제	106
기사도	33
김우진	159

ㄴ

나폴레옹	18, 65
낭만적	31
낭만주의	32, 41, 147
낭만주의 군대	140
낭만파 음악	116
노트르담의 꼽추	141
눈보라 속의 증기선	98

뉴턴	11

ㄷ

다비드	44, 58
단두대	61
도냐 솔	136
도적 떼	66, 74
돈 카를로스	136
동화	109
드라큘라	150
들라크루아	46, 48, 126, 130

ㄹ

라틴어	32
로망	32
로맨스	33
로버트 라우센버그	169
로테	24
루소	55, 57, 75
리스트	123
리어 왕	40

ㅁ

마탄의 사수	119
만국박람회	17
만유인력의 법칙	11
메데아	127
메두사 호의 뗏목	174
멘델스존	78, 120
면직물	87
모차르트	114
목가적	103
무지개	91
민족문화	111
민족정신	111
민족주의	110
민중을 이끄는 자유의 여신	177

ㅂ

바스티유 감옥	54
바흐	114
박종화	161
반사망원경	11
방적기	86
백남준	171
백조	161
베르디	120
베르테르 효과	23
베버	119
베토벤	39, 115
볼테르	55, 57
비합리적	75
빅토르 위고	40, 50, 134
빛의 철학	58

ㅅ

사르다나팔루스의 죽음	46
사실주의	179
사의 찬미	160
사포	42
산업혁명	16, 86, 123
삼일치의 법칙	139
서정 민요집	92
서정적	103
셰익스피어	40
셰필드	87
소나타	122
소크라테스	128
쇼팽	120
슈만	120
슈베르트	112, 118, 120
슈베르트의 밤	113
슈투름 운트 드랑	73
슐레겔 형제	31
시학	51
신고전주의	64
신데렐라	104
실러	39, 67, 71
심리 공포 소설	157

ㅇ

안드로메다	129
알베르트	25
앵그르	45, 48
어셔 가의 몰락	152
에드거 앨런 포우	152
에르나니	134
에르나니 전투	135
에밀	75
에스메랄다	143
연미복	22
연소	12
영웅서사시	82
오리엔탈리즘	130
오시안	77, 80
오케스트라	123
오페라	119
오페라 하우스	119
왈츠	116
요셉 보이스	172
요한 미카엘 포글	112
워즈워스	63, 90
위안부	164
윌리엄 터너	97
윌리엄 허셜	12
윤심덕	159
음유시인	77
이국적 판타지	126
이상화	163

일제강점기	158	콜리지	40
		콰지모도	142
		크롬웰	50
ㅈ		클링거	74
자유정신	73		
젊은 베르테르의 슬픔	23, 74		
제1제정 시대	65	**ㅌ**	
제리코	174	태양계	12
제임스 맥퍼슨	76	퇴폐적	165
제임스 와트	16		
제정양식	65	**ㅍ**	
존 로크	13	파리의 노트르담	141
존 케이지	167	팡테옹	55
증기기관	16, 86	폼페이	64
지워진 드 쿠닝	170	풍경화	94
질풍노도 운동	71, 73	프란츠	68
		프랑스대혁명	15, 54
		프랑켄슈타인	151
ㅊ		프로이센	74
천왕성	12	프롤로 신부	143
천체망원경	12	프리드리히	36, 101
		핑갈	76
ㅋ			
카루젤 개선문	65	**ㅎ**	
카를	68	하이든	114
칸트	14	하케르트	35
컨스터블	99	합리적 이성	11
켈트어	77, 82	합리주의	30
코흐	62		

합창	71
헤라클라네움	64
헤르더	82
헨델	114
혁명파	18
호라티우스의 형제의 맹세	58
호메로스	44
홍사용	164
환희에 부쳐	71